文學叢刊

金色遊踪

張修蓉著

文史哲出版社印行

國家圖書館出版品預行編目資料

金色遊蹤 / 張修蓉著. -- 初版. -- 臺北市：文史哲,民 91
面： 公分.--(文學叢刊;134)
ISBN 957-549-416-4 (平裝)

855 91002945

文學叢刊 ⑬④

金色遊蹤

著 者：張 修 蓉
出版者：文 史 哲 出 版 社
http://www.lapen.com.tw
登記證字號：行政院新聞局版臺業字五三三七號
發行人：彭 正 雄
發行所：文 史 哲 出 版 社
印刷者：文 史 哲 出 版 社
臺北市羅斯福路一段七十二巷四號
郵政劃撥帳號：一六一八〇一七五
電話 886-2-23511028・傳真 886-2-23965656

實價新臺幣三四〇元

中華民國九十一年(2002)三月初版

ISBN 957-549-416-4

金色遊蹤目錄

四、東歐篇

五、南歐篇

《金色遊踪》自序

有些人的黃金歲月在青春時期，有些人在三、四十歲的人生巔峰期，而我則認爲自己的金色年華在四十七歲中年以後……。

記得第一次和外子出國，就選擇了子女們大學畢業後。我們像完成一個階段性任務般地，卸下了重擔，輕鬆地去旅行，第一次出國便遠離家園飛向遙遠的夢想國度——西歐的荷、比、法、瑞、德五國。十二天的行程歸來興奮地寫出了十二篇遊記，之後順利地出版了——「藍天鐘聲」一書。那份追逐著夢想、實現了宏願、心滿意足地歸來的感覺眞好，因爲它有一種築夢成功、凱歌返鄉的似夢非夢、乍疑卻眞、如癡如醉的魔幻美境。從此，我便決心要遊遍全世界，如未如願，至少，半個世界也好！

廷兒、婕兒大學畢業後，隨即出國深造，由碩士唸到博士，我付出了極大的心力，教書、兼課，收入大半支付他們倆的留學費用，少部分留作家用，更小部分我儲蓄著準備一次又一次的旅遊。如此，既可栽培子女，也可實踐自己的夢想，給自己的人生繪出美景，留下蹤跡，決不讓自己變成「茹苦含辛」、「形容憔悴」的偉大母親犧牲受委曲的模樣！我希望全家四人都能充分享受自己追求的生活：丈夫想過陶淵明般的恬淡生活；我則像鳥兒般地自由翱翔；

子女們各自創造自己的一片天空；每個人都不辜負此生！

十二年來，我漫遊中國大陸十次；美、加、英、法、東歐五國；南歐五國；希臘、土耳其、越南、柬埔寨、日本等二十餘國。我忘不了許許多多親眼目睹的大震撼：如加拿大尼加拉大瀑布的水聲，像萬馬奔騰，雄奇壯闊，永無休止；如溫哥華的布查德花園，群芳競豔，有如上帝的花園被仿製於人間。美國地大物博，黃石公園的森林、野牛、地熱，老忠實噴泉，美得讓人驚嘆！在亞特蘭大好友鄭教婉、羅昭容的家小住，享受到了台灣移民在美國南方的純樸而又現代的進步生活，石頭山下的雷射表演及野宴、美國鄰居的湖濱晚餐，在在令我懷念！曾兩度拜訪紐約，第二次居然陪女兒住了整個暑假，紐約的歌劇院、博物館、哈德遜河畔風光、中央公園、第五大道、世貿大樓（想不到今年九月十一日從電視上親眼目睹它們被恐怖份子攻擊而雙雙倒塌）都變成我生命中的美麗畫頁了。

再飛越東歐、南歐，我忘不了那些風光旖旎而各具特色的皇宮及古堡：俄羅斯的莫斯科宏偉傲岸的紅場，場內有著最具魅力的聖巴索大教堂、金色蔥頂林立的皇宮與其他教堂、列寧紀念館、以及遼闊的廣場。紅場的紅牆外繞著一條美麗的大河，它的名字叫莫斯科河。我們在莫斯科河上乘遊船欣賞風景，這使我聯想起世界上偉大的都市幾乎都鄰近或依偎著一條大河，而我往往乘過船遨遊其間，仔細地欣賞那河與那城市之間的緊密關係，例如：巴黎依戀著多彩多姿的塞納河；倫敦陪伴著美麗莊嚴的泰吾士河；布達佩斯被多瑙河靜靜地從中間穿越過，形成布達和佩斯的雙子城奇觀；華沙市區中心有美人魚神話的維斯杜拉河流過；聖彼德堡市區居然有三條大河盪漾其間，它們的芳名叫尼瓦河、摩卡河及噴泉河。此外美如詩歌的萊茵河、滾滾黃泥的黃河母親河、源遠流長的長江、急流狂奔的夏河、怒濤洶湧的岷江，都一再地從我腦海中翻騰出現；最有趣的是我們曾有疑將大海當作大河的經驗，那便是在土耳其的古都伊斯坦堡的奇異經歷，我們乘船遊盪於博斯普魯斯海峽上，伊斯坦堡城被此海峽一分爲二，一半在亞洲，一半在歐洲，海峽在此處既細窄又綿長，跨海有大鐵橋相連，若非仔細聆聽導遊介紹，百分之百的人會以爲自己置身在大河之上遊覽呢！

聖彼德堡的俄國沙皇皇宮，有冬宮與夏宮兩處，規模之宏偉、佈置之豪華，幾乎用盡了全國的黃金與珠寶。東正教教堂之華麗氣派絕不輸給歐洲的各大教堂。難忘的教堂有西德的科隆大教堂、倫敦的西敏寺大教堂、巴黎的聖母院大教堂，西班牙尚未完工的聖家族大教堂，這些教堂和莫斯科的東正教的聖巴索大教堂較量起來，眞是各具特色，難分軒輊，都是人類建築中的瑰寶，藝術家們獻給上帝的最奢華而神聖的禮物。

回教世界中獻給眞主阿拉的清眞寺也和基督教的教堂平分秋色。我曾拜訪過北非摩洛哥的卡薩布蘭加最大的清眞寺，也曾參觀伊斯坦堡的聞名遐邇的藍色清眞寺，和西班牙哥多華的大清眞寺，此寺內尚有一個小小的天主堂，見證了西班牙人被回教徒統治期間宗教多樣性的不平凡歷史。也走訪新疆喀什的清眞寺、土耳其各地的一般清眞寺。這些清眞寺也見證了回教人民最虔敬的信仰態度。

在東方，古老的中國大陸充滿了佛教的廟宇和道教的宮觀，這些建築紀錄了古人的虔誠與智慧、發揚了藝術的無比光輝。它們絕大部分盤踞在名山大川之上，與大自然融合爲一，充分表達了出世成仙成佛的思想。

我們的行程匆匆、腳步匆匆、每分每秒眼中看見的奇景、耳中聆聽的異音、都不相同，各國之間文化差異之大，語言隔閡之深，令人驚駭；人種不同、膚色不同、思想觀念不同、風俗習慣不同、服飾飲食不同，音樂舞蹈不同……大約只有人體生理機能相同吧！

因此旅遊擴大了我們的視野和心靈，我們學會欣賞世間比我們更理想的國度，也學會同情比我們更落後的國家，我們懂得包容與同情、深知人類應源本於愛心去追求和平。因爲這世界太美了，每一個國家有每一個國家特殊地形和人文美景奇觀，這是人類共同的財產！

看哪！希臘的巴特農神殿向你招著手，土耳其的愛菲索斯古城向你招著手，特洛伊廢墟向你招著手；柬埔寨的吳哥窟向你投過詭異的微笑，英國愛丁堡古堡以風笛呼喚著你，以玫瑰花香誘惑著你；中國的萬里長城等待著你、新疆的絲路等待著你、美麗的西湖、蘇州的園林、秀麗的黃山、嫵媚的九寨溝、清新的麗江古城、神祕的女兒國，都在等待、等待有緣又有幸的人去親自拜訪它們、欣賞它們、吟詠它們、讚美它們。

這世界需要熱情的人去擁抱，這世界需要更多的觀眾去欣賞、去探索、去報導。想想人的一生，不過區區數十寒暑，若沒張開雙眼，仔細流覽各國迥異的文物風情，以豐富自己的生命，了解更多元的文明之美，豈不徒然浪費了光陰，白白來此生走一遭？

張修蓉序於二〇〇一年十一月三十日

序外之音

《金色遊蹤》作者張修蓉博士。在她的生命中有兩樣「愛」癖——寫作和旅遊。

常見的旅遊者：多數是看當地風物，聽導遊解說，品嘗特產、佳釀、美饌……但本書作者，她卻是在用眼睛看，用耳朵聽之外，還有一項就是用她那顆激動的心，無涯無際地去感覺。也就因爲有了這種毫不受羈束的感覺體驗，她在旅遊後所撰寫的多篇遊記中，常在一般人所不能體會到的歷史背景、文化溯源、山川描繪，都能像一幅巨形速寫圖般，活生生地呈現出來。

作者在旅遊過程中，常不斷地憑窗瞭望，對沿途的形貌、村舍和奇異的見聞：星星點點，都巨細不遺地用她那快速的筆觸，一一記錄下來。這更使她的遊記，加上了一項——有人所未聞，見所未見的許多令人耳目一新的生動畫面。

我還說作者也有個寫作癖。

早年，我曾是個新聞記者。有次在《中國語文》期刊上，讀到她榮獲高中組全國首獎的〈我與國文〉散文一篇。竟想不到我倆卻是「以文會『偶』」，遂譜就了白首盟約，從此，甘苦共嘗，眞地是無怨無悔。

這期間，她忘餐廢寢地沉醉在文字生涯中。她的短篇小說，曾在聯合報刊出〈越過那長長的吊橋〉等篇。中國時報亦刊載了〈喜柬〉多篇……此後，愛妻含辛負笈哺育兩子女，在政治大學獲得中國文學博士。並先後於淡江、文化大學任教，目前依然在國立台北商業技術學院孜孜培育學子，獻身教育事業。

今年，《金色遊蹤》新書刊印，適逢愛妻六十壽辰前夕。謹以此短文加上我的新誓約——但期有來世，定結再生緣——頌讚愛妻鶴壽，松壽，萬萬壽！

二〇〇一年，九、一四

張震於煙嵐樓

廷兒小序

張廷

有句話說：人類因夢想而偉大。今天，這句話已在我家得到證實了，因爲母親常年辛勤寫作，盼望出書已久的遊記《金色遊蹤》，終於正式出版了！

旅遊是人類的天性，也是交織組成人類大合唱的交響曲，歷史上鼎鼎大名的絲路就是被一群群愛冒險、愛到異地旅遊、交易的商旅給「踩」出來的；《馬可波羅行紀》爲我們留下不朽的元朝世界帝國的景象；唐朝玄奘的《大唐西域記》、元朝周達觀的《眞臘風土記》、李志常的《長春眞人西遊記》等等，都是名垂青史的旅遊文學著作，當然，我們更不能遺漏明朝偉大的《徐霞客遊記》。可見歷代旅遊文學在中國文學傳統裡，屢放光芒！

縱觀上述文學偉蹟，有一點是極重要的前提；旅遊文學必須「寫」出來才能成立。倘若王安石遊完褒禪山後，不將它生動地寫出來，我們今天就不可能讀到〈遊褒禪山記〉了；倘若劉鶚未寫《老殘遊記》，精采段落如「王小玉說書」，恐怕就消失於滾滾洪流般的時空中了；還有，您能想像到一個沒有了《馬可波羅行紀》的中西交通史嗎？然而，旅遊的過程常充滿疲憊，以及趕時間的壓力，邊玩又能邊寫，談何容易？母親使用的方法很簡單；隨身帶著小記事本，有靈感即馬上寫下來；有幾次在旅途中，我目睹母親寫著寫著就睡著了；在某些地方，例如雲南北境的摩梭人「女兒國」，母親就在暗得無以復加的燈泡下寫日記。可以說母親的這些小記事本，就像是旅遊攝影家所使用的相機，呈現出她對於這個世界的觀察，記錄，熱情與希望！

《金色遊蹤》一書涵蓋的地域範圍很廣，大概除了中南美洲、大洋洲、以及極地以外之地都包含在內，時間方面則涵蓋了母親十餘年來所陸續發表的各大報副刊、校刊等文章。此外，這本書是母親爲慶祝她六十大壽，自行給自己的一份禮物。這也使我聯想到：當我六十歲時，我該給自己準備一份什麼樣的、富有意義的生日禮物呢？身爲家裡出生的第一個孩子，我一直是與母親「母子同心」的，她的喜悅就是我的喜悅，故特地記下此一喜事爲誌。

西元二〇〇二年元月二十六日

於台北市青島西路的家

來自女兒的後序——「能寫、愛寫、不停的寫」

如果，在朱自清先生的傳世文章「背影」的感召下，我也以媽媽爲主題，寫一篇有關她的「背影」。毫無疑問的，我要和大家分享的，就是自幼我腦海中，那個鮮明深刻的印象——一位留著長長的直髮，戴著眼鏡，有著蠻漂亮背影的媽媽。但是，這個背影一直低頭的振筆疾書，一直寫，一直寫，不停的寫。

媽媽「能寫、愛寫、不停的寫」，其實也深深的影響了她的人生。少女時代的她，若不是因爲「能寫、愛寫、不停的寫」，也不會得到民國四十九年（一九六〇年）的全省徵文比賽的第一名，獲獎文章也不會因此被登在中國語文月刊上，也不會被愛翻同事書架上的書的英俊男子讀到，也不會促使這位英俊男子去認識寫此文章的美麗女孩，也不會進而快快樂樂的結了婚，也不會有日後的我——這個頑皮的女兒……。哎！眞是「事出必有因」啊！

大前年暑假，當我還在紐約讀書時，媽媽來「視察」我的生活約兩個月，過去的歷史果然又成爲當時的歷史了，她仍是不停的寫——無論是在環曼哈頓島的渡輪上，中央公園的長椅上，大都會博物館的長板凳上，路邊的咖啡座上，已消失的世貿雙子星大樓附近的南街海港邊——她仍是不停的寫，就像我看過的音樂家傳記電影中的一幕，作曲家只要心中響起旋律，就立刻寫下，作曲家甚至寫在自己的衣袖上，因爲沒帶紙之故。但是，我的媽媽就厲害多了，她的隨身包包永遠重重的，因爲裡面有好幾本日記本，隨時隨地，忠實的記載著她與周遭環境的任何互動。媽媽很會畫畫，她的「筆隨意走」的日記本上，還會伴隨著風景速寫，她畫得眞棒！可惜各位讀者看不到……。

去年春初，我終於結束了留學生涯，返回台北。離開紐約前，我特地在文具店裡挑了十本漂亮的、厚厚的「日記本」，送給媽媽。由於她寫得實在太勤快了，我知道，在不久的將來，這十本就會被「塡滿」的，所以，又快要「進貨」了！

各位親愛的讀者，如果您「能寫」又「愛寫」，還能「不停的寫」，我可以不看您的命盤，不知您的生辰八字，不問您的星座血型，不看您的長相，就能鐵口直斷——您的人生幸福、美滿、愉快——至少，像我親愛的媽媽一樣……。

女兒張婕賀媽媽的新書即將出版，寫於

民國九十一年二月五日午後——台北市。

〈夏日過蓉城〉
拜訪成都的武侯祠

〈昆明之旅〉
石林公園的天然奇景

〈靈山秀水話屯溪〉
屯溪的老街古意盎然

〈夏日過蓉城〉
詩聖杜甫的草堂故址

〈西湖尋夢〉
西湖十景之一——柳浪聞鶯

〈新安江上的平流霧〉
新安江畔的白沙鎮

〈拜訪小毛驢的故鄉〉
乘坐驢車去逛「巴札」

〈西湖尋夢〉
西湖美麗的竹亭

〈天池遊踪〉
清晨的天池風光明媚

〈拜訪小毛驢的故鄉〉
喀什的這家人正在烘烤饢餅

〈吐魯番熱浪滾滾〉
交河故城的黃昏

〈吐魯番熱浪滾滾〉
火焰山奇景

〈大漠驚魂記〉
吐魯番的葡萄溝葡萄結實纍纍

〈大漠驚魂記〉
車壞了，等待救援……

〈敦煌駝鈴〉永恆的莫高窟
——本圖係採自中國人民郵政明信片

〈敦煌駝鈴〉美麗的月牙泉
——本圖係採自中國人民郵政明信片

絲路之旅全團團員合影

〈美麗的桑科草原〉
中央爲歷史上著名的拉不楞寺

〈仙海幻境九寨溝〉
樹由水中生，水在樹間流

〈仙海幻境九寨溝〉
九寨溝的海子藍得像寶石

〈武陵源探幽取勝〉
張家界的山勢鬼斧神工

〈武陵源探幽取勝〉
張家界天子山的雄奇險怪

〈山中樂〉
在奮起湖旅館附近的森林中漫步

〈天才導遊〉
蜀道之上常常大塞車

〈窗口像一幅畫的山城——九份〉
九份風景如詩如畫

〈窗口像一幅畫的山城——九份〉
九份的民俗藝術館古拙可愛

〈群山的呼換——五月山中行〉
作者與同事們攝於觀霧神木巨根前

〈不一樣的春天〉
與竹師時代同學春遊圖

〈清秀絕倫的花東縱谷〉
勇敢的女老師們即將泛舟了

〈清秀絕倫的花東縱谷〉
遼闊的兆豐農場

〈迷人的傑克森小鎮〉
鹿角門公園獨具巧思

〈迷人的傑克森小鎮〉
小鎮近郊的大堤頓公園

〈尼加拉瀑布奇觀〉
位於加拿大境內的馬蹄形瀑布

〈迷人的傑克森小鎮〉
商店門口一排木刻印地安人像

〈那一夜，我們在紐約〉
三人行，在紐約逛街

〈尼加拉瀑布奇觀〉
與同學同遊美國境內的瀑布

〈那一夜，我們在紐約〉
作者和女兒攝於百老滙「西貢小姐」上演前

〈那一夜，我們在紐約〉
宏偉的世貿大廈，此景已成追憶

〈拜訪「飄」的故鄉——亞特蘭大〉
在森林中的好友家園開同學會

〈拜訪「飄」的故鄉——亞特蘭大〉
在幽靜的維斯湖畔享受垂釣之樂

〈拜訪「飄」的故鄉——亞特蘭大〉
好友家中的龍蝦盛宴

〈亞特蘭大的奇妙之旅〉
芭芭拉和她旅行各國所搜集的紀念品

〈拜訪「飄」的故鄉——亞特蘭大〉
石頭山是世界第二大巨石

〈拜訪「飄」的故鄉——亞特蘭大〉
芭芭拉的盛宴令人驚喜不已

一、大陸篇

(一)長江之旅

昆明之旅

——乘坐馬車遨遊石林

多山多民族

昆明，這座位於我國西南方的大城市，是我做夢也想不到，在從小離鄉闊別中國大陸四十二年後，首度踏上故國的第一座城市。

下了飛機，昆明給我的第一印象是：機場遼闊得驚人，機場上的建築物也簡陋狹小得驚人。氣溫爲攝氏二十一度，涼風拂拂，彷彿頓時進入盛暑中的最大冷氣房間。空氣清芬得令人心肺爲之舒暢，很久沒有呼吸到這種「〇污染」的新鮮空氣了。原來昆明又稱「春城」，有「萬紫千紅花不謝，冬暖夏涼四季春」之美譽。

導遊小姐介紹說中國有五十六種民族，而雲南省便有二十五種之多。雲南省多山，屬邊疆地區，種族複雜，因此「山、邊、民」成爲雲南三大特色。昆明市區樸實無華，街道筆直而寬闊，車輛稀少。市區內有一圓環，圍著圓環塑造了一群少數民族身著不同服飾，手攜手的舞蹈像，十分生動而有促進各民族團結的意義。

市區內的「傣族公園」屋頂是孔明先生的帽子造型，足見先生治理西蜀影響力之大，已無遠弗屆了。雲南省立博物館爲蘇式建築，內藏一枚元謀人的牙齒化石，據研究這是距今一百七十萬年前的亞洲人老祖先，現於雲南出土，已成爲國寶了。

充滿力與美的歌舞

晚餐在昆明的「東南亞酒樓」享用的，不僅菜肴豐盛美味，更意外地觀賞到邊疆民族歌舞表演。一群青年男女穿戴各民族的華麗服飾，舞出充滿力與美的高難度舞姿，熱情而豪放，若與新疆舞、東歐、蘇聯等民族舞蹈相比亦不覺遜色。節目主持人是一位具有嘹亮且富磁性歌喉的美麗女郎，她的歌聲妖嬈而迷人，恍如深山幽谷傳來的音響，返國雖已十餘日，那特殊的歌聲猶縈繞於耳際呢！此外，著名的孔雀舞也跳得十分傳神。最後一支舞竟將本團幾位老師也邀請進去，於是一群人從台上跳到台下，又從台下跳到台上，一片邊疆民族的歡樂氣氛，似乎沒有一個人不被昆明第一夜所感動的。會後，我們也熱情地與這些年輕人合影留念，此時方知他們是藝術學院的高材生呢！

多古蹟名勝的西山

次日遊覽昆明市郊的西山，西山多名勝古蹟，例如道教的「三清閣」，音樂家聶耳的月琴形墳墓（中共國歌的作曲家），古代科考下產生的「魁星廟」，紀念武聖關公的「華亭寺」等。處處可見佛教、道教對中國的影響力，不過，以後半個月的旅行中，參觀過不少的名山古剎，均未見過像台灣寺廟香火鼎盛的場面。文革期間佛像、碑林被砸毀的殘痕斑斑可見，如今爲了發展觀光事業，正大事修復中。

雲南十八怪

八月三日下午全團前往昆明的石林，「石林」號稱「天下第一奇觀」。分大石林與小石林，佔地一萬五千畝。像這樣天然岩石高聳密集如森林的特殊景觀，全世界共有三處：雲南昆明、阿拉斯加與南斯拉夫。其中以昆明的石林爲最大。

從昆明到石林途中，當地的導遊小姐娓娓地向我們介紹著雲南特殊風光，總名「雲南十八怪」。首先她指著與公路平行的半山腰上的「滇越鐵路」說，那是雲南十八怪之一的「汽車比火車跑得快」。當初法國人修築此一鐵路，目的是想換取雲南的錫，遭雲南人民強烈反對後，於是，鐵路只得修建在遠遠的曲折起伏的半山上。雲南有則笑話說：一位老太太要趕火車，但是火車剛剛開走，於是她搭汽車去下一個火車站，她竟比火車先到，而順利地趕上了那班姍姍來遲的火車。

早年雲南人想去內地，到成都騎馬要走十八天，去貴州要十六天，當時沒有鐵路通內地，而滇越鐵路偏偏只通國外，人們只好先坐火車到越南，再乘船到廣東，轉往內地，行程要比騎馬快。因此，「火車不通內地通國外」又爲雲南十八怪之二。其餘怪事如：醃蘿蔔沿街賣（一般人把醃蘿蔔當零食吃）、雞蛋成串吊著賣（雞蛋以草繩紮好成串狀）、蠶豆數著賣、小伙子出門將毯子帶（遇到心上人，小伙子便以毛毯覆蓋在兩人頭上，只要女孩願意，兩人就找個好地方去談情說愛）等等……。

天下第一奇觀

漸漸地，石林出現了，遠遠的在山坡上、丘陵地上看見許多黝黑的巨石畢直地生長著，隨著車程漸行漸近，我們發現黑色巨石愈來愈多，愈來愈高大稠密。似乎一行人走進一座巨岩城堡、一座巨石帝國。——

「石林賓館」像巨石帝國中的皇宮，優雅而寧靜，種植著許多奇花異木。我們將行李安頓好之後，便開始暢遊石林——這號稱「天下第一奇觀」的特殊景致。石林的巨石散佈極廣，最壯觀的地區已納入石林公園，在這兒黑褐色或灰褐色的巨石如山妖怪獸、如參天巨人般地突兀而起、奔赴眼前，那種強大的壓迫感與驚懼感，的確震撼人們的心靈。有些巨石拔地而立，恍如寶劍直指穹蒼，因此有人命其名爲：「劍峰」；有些巨石狀如高樓大廈，重疊而立，我們從群石縫中穿越，常見到「一線天」之奇景；在最高的「觀景亭」中看到千萬株密密麻麻相連的巨石如林而立，形成天然巨型屏障，黑壓壓地遮擋了眼前所有的視線，斯際，我們眼中的世界只有兩種東西存在，地面上的石林和石林上的天空。一群人頓感渺小如螻蟻，迷失在巨石叢林裡，此時方知「石林」之名只可意會，不可言傳也。

美麗的阿詩瑪

在石林中有塊巨石上站立一小石，狀如小象，象鼻彎曲，維妙維肖；另一巨石斜臥於石階旁，以手敲擊能發出金屬般的洪鐘之聲，亦為大惑不解之謎；最著名的巨石名叫「阿詩瑪」，狀如一位亭亭玉立之少女。原來在石林的撒尼族傳說著一則悽美的愛情故事：

許多年前，撒尼族有位美麗的少女名叫阿詩瑪，她與同族的一位年輕人深深相戀。不久，一位富翁的兒子也看中了阿詩瑪，為了得到阿詩瑪，富翁的兒子竟唆使人殺死了阿詩瑪的戀人。當村民們將年輕人的屍體抬回，舉行火葬儀式的時候，悲慟的阿詩瑪乘人不備，便縱身躍入火堆與戀人共赴黃泉了。從她殉情後，石林的巨石叢裡便新長出一塊巨石，亭亭玉立，狀如活潑美麗的阿詩瑪。

由於石林各族間競相傳頌這則淒美的殉情故事，人們便將當地盛產的雲煙命名為「阿詩瑪」。此後十四天我們暢遊大江南北六省，處處可見到香煙攤上「阿詩瑪」的倩影與美麗如詩的名字。

不要盜賣鐘乳石

晚餐時，男士們都被雲南啤酒與熱情豪放的敬酒姑娘迷醉了，女士們紛紛提前離席到旅舍外的路邊攤去觀光。撒尼族、西雙版納族、白族的婦女們都很會做生意，她們身材矮小，行動敏捷，待人誠懇，一雙雙憨厚的眼眸令人憐愛，許多七八歲、十餘歲的兒童也跟著母親做生意，他們髒兮兮的，但眼中閃著精明和伶俐，無論年齡大小都會說國語。十餘歲的男孩向遊客兜售口袋裡暗藏的鐘乳石或石筍，每個索價一百多元（人民幣），這種約需幾萬年才能形成的天然奇石，被當地人盜賣確屬非法之舉，令人憤慨，我們拒買之餘，同時也告誡他們不能破壞天然美景，但孩子們竟左右相纏，苦苦哀求，使我們賞景心情備受攪擾。石林的男人們到那裡去了？原來當地風俗是男人在家煮飯帶幼兒，女人才在外種田做生意。

夜乘馬車遊石林

石林的黃昏是漫長的，晚上九點才天黑。馬車伕前來招攬生意，說是乘坐馬車繞石林公園外一大圈子每人只要三塊錢（相當於台幣十五元），我們禁不住地跳上了馬車。我與陳老師的夫人共乘一輛馬車，領隊黃小姐與林老師的夫人乘另一輛馬車，一前一後，在馬車伕吆喝聲中，躂躂的馬蹄聲便輕快地響起來。石林公園外，石板路鋪得又細又長，蜿蜒曲折，隨著丘陵地忽高忽低地迴轉著，荒原上一輪紅日緩緩西斜。在遼闊的丘陵地帶繞著古怪的石林跑，眺望夕陽餘暉下的巨石群與周遭的寂靜與廣漠，忽然竟萌生一種很怪異不安的感覺，幸而熱忱的車伕不時地跟我們交談，可愛又機靈的六歲小馬，也知道如何閃避後面追來的馬車（連馬車也會超車），竟使我又產生新的勇氣去仔細欣賞巨石國之奇景，畢竟，石林並不是每個人都有機緣來此一遊的啊！

（原載青年日報一九九一、九、二一）

夏日過蓉城

四川省成都市古名「蓉城」，史籍記載後蜀孟昶在此城建都，遍植芙蓉，因此，蓉城便與錦江、草堂、浣花溪等美麗的名字連繫在一起了。

我生於憂患中的抗戰時期，但不幸中的大幸是：誕生於天府之國的四川成都。儘管幼年的回憶有如一片殘夢，但每當在文字中發現「成都」這個地名時，眼中不免爲之一亮，心中也不禁微微地一陣悸動，這個遙遠的地名總牽扯著心靈深處某一根絃索呢！

曾讀朱自清「外東消夏錄」，文中引易君左的「成都」詩，詩云：

細雨成都路，微塵護落花。
據門撐古木，繞屋噪棲鴉。
入暮旋收市，凌晨即品茶。
承平風味足，楚客獨興嗟。

從此詩可以略窺抗戰期間，成都人民生活即景。正當對日抗戰烽火漫天，生民塗炭之際，天府之國的蓉城仍然「細雨落花」，美麗如昔：「古木棲鴉」，詩意盎然。人們過著提早將生意打烊（晚上八點鐘左右），早睡早起，「凌晨即品茶」的傳統生活與悠閑歲月，眞是個

「承平風味足」的大後方，看來蓉城市民當年不因戰爭而叫苦，反倒是氣定神閑，一派悠然；在艱苦卓絕中也能享受人生，維護並提升精神生活領域的樣子。

世事多變，想不到離開出生地四十餘年後的今年夏天，我竟能重返蓉城，去尋覓那一片遙遠的幻影。

八月四日中午十二點十分，我們的旅行團從昆明飛抵成都。走出機場時，天氣陰涼，氣溫僅二十八度，沒有盛暑燠熱之感。據說這兒的太陽極少露臉，出太陽的日子不僅人們高興，連狗兒都驚奇不已，因此有「蜀犬吠日」的典故。

初見成都，被那又寬又筆直的濃蔭大道所吸引，公路兩旁有良田美池、古舊茅屋、新式樓房以及一叢叢的竹林。一般樹木也長得既高又瘦，一如西歐原野的樹木。遊覽車快駛入市區時，在一座加油站停了下來，牆上掛著醒目的大標語：「美麗的蓉城歡迎潔淨的車輛」，只見兩旁的機器直向我們的車子噴水沖洗，洗淨後，幾個工人又忙碌地來擦玻璃，這是我們到成都的第一件鮮事，也初次見到「蓉城」這個令我心悸動的名字。

從機場到市區的公路上，許多農家便落坐於路旁，此時正是午後時分，只見人們三五圍坐，在濃蔭樹下蹺著腿喝茶，我自然憶起那「凌晨即品茶」的詩句來，看來他們是從天色濛濛亮的時候開始品茶了，這份悠閒和巴黎的露天咖啡座的情趣有異曲同工之妙呢！

我們下榻於豪華的「岷山飯店」，享受了第一餐眞正的美味川菜，便開始芙蓉城之遊。我們遊歷的重點是「武侯祠」、「王建墓」，途經古代著名的「金牛道」，又過「文君酒家」。次日參觀兩千年前修建的「都江堰」水利工程，成都至今無水患之虞，人們敬奉李冰父子若神明；又拜訪詩聖杜甫的故居——「草堂」與「浣花溪」，女詩人「薛濤墓」與「流杯池」等名勝古蹟。

在武侯祠瞻仰孔明先生的塑像，我向這位忠義雙全、智勇超群，能創造三分天下歷史的先賢行了三鞠躬禮。祠壁有岳飛草書的出師表碑文，觀其筆跡悲壯豪邁，眞乃自古英雄惜英雄，一雙忠膽耀天地！旁邊壁上有當代畫家范曾的巨幅壁畫「隆中對」，所畫孔明先生與劉備在茅廬中即已謀畫三分天下、鼎足而立的大勢，二人神情栩栩如生，令人神往。

杜甫的成都故居，位於浣花溪畔，今日之「草堂」已屬勝景、聖地，決非昔年杜甫在「茅屋爲秋風所破歌」中所詠之苦難光景，詩的末兩句說：「安得廣廈千萬間，大庇天下寒士俱歡顏。」這種仁厚的胸襟是大詩人獨有的，如果死後有知，他若看見今日高樓大廈林立的光景，亦當捋鬚而笑了。

今日草堂勝景處處，如草堂大門、草堂影壁、工部祠、詩史堂、梅苑、花徑、迴廊、水檻、少陵草堂石碑等，皆景物如畫。自宋至清，重修十三次，規模日益壯麗。我尤喜花徑的古樸紅牆，修竹參天，翠綠茂密，幽絕已極。園內遊人如織，狀至悠閒，偶爾也見幾個年輕人靜坐幽篁，捧書而讀，令我們這些匆匆過客，羨慕不已。

著名的浣花溪溪水蜿蜒繞草堂而過，水雖非如想像中的清碧，然而卻曲折嫵媚，可以想見杜甫所詠「舍南舍北皆春水，但見群鷗日日來」之當日麗景。

入夜遊蓉城，又是一番奇景，此地人口衆多，似乎都湧向大街上。我們一面欣賞蓉城夜景，一面還得抽空品嚐當地盛產的水蜜桃，桃子又紅又香，軟而多汁，入口即化，每個約合台幣兩三元，我們儘量地吃，至今猶覺齒頰留香，絕不亞於成都名酒「五糧液」呢！鬧區廣場上，中老年人在露天茶座品茗聊天，或群聚聽說書、看地方戲、玩牌等；年輕人則在露天音樂會中聽人唱歌，自己若想登台秀一下，則須繳一角錢方可登台高歌一曲。當時燈光閃耀，萬頭鑽動，成都人的享樂氣氛的確感染了我們。

爲了節省體力，我與外子乘坐三輪車遊逛全市。聽車伕說我誕生之地「百花橋」附近有公車可通，此橋如今已改稱「百花大橋」了，由於天色已晚，人地生疏，不便去尋訪，於是就在旅館外下車，順便欣賞那些馬路邊賣古玩玉器的攤位，直至午夜，猶不忍離去。

（原載青年日報一九九一、十二、二五）

靈山秀水話屯溪

我們萬里迢迢地冒著可能被大洪水圍困的危險，搭乘小飛機從武昌到黃山，自飛機上鳥瞰安徽省地區，一大片一大片渾濁的黃泥漿水淹沒了道路、良田與民宅，形成許多泥沼湖泊，與長江及其支流相連成一張泥濘斑斑模糊的地圖，令人觸目驚心，眼下正是中國百年來最大的洪水慘象。

僅載二十餘人的小飛機在山巒間起伏震盪，好令人擔心，尤其起飛前曾宣告故障，又維修了五十分鐘……許多團員們索性閉目小睡，免得精神緊張。大約經過一個半小時的辛苦航行，終於抵達黃山市機場，聞名遐邇的黃山便聳立於此市。

因爲次日要登黃山，當晚便在距黃山極近的屯溪鎮住宿，我們的旅行團下榻「花溪飯店」，一行十九人下了巴士，才知道黃山腳下竟奇蹟似的存活著一個古樸美麗的小鎮。屯溪依山傍水，花溪飯店是全鎮最高最美的建築，在三江匯合的三角洲上。這三江即橫江、率水與新安江。三江之水，清澈如鏡，碧波萬頃，幽靜得宛如人間仙境，絲毫沒有本世紀大洪水的影子。從我們住的八樓房間眺望，眞是靈山秀水，風景如畫。近處是一株株幼小的梧桐樹，各自張開一片片嫩綠似傘的闊葉，葉大樹小，東倒西歪的模樣，煞是可愛，這是我平生第一次乍見梧桐樹，想到「梧桐樹，三更雨，不道離情正苦；一葉葉，一聲聲，空階滴到明！」的詞境，不覺更憐愛這些小梧桐樹來。鎮上的民宅緊密相連，式樣老舊，三江之水分別伸展至無垠的遠方。正前方遠遠地一座九孔長橋橫跨於波光之上，如夢如幻。花溪飯店近處尙有一座小橋通往對岸的山邊公路，沿江兩岸密密地種植垂柳無數，濃蔭裡，遠近蟬鳴交織成一個鮮活有力的夏季來。

本團是臺北商專老師們自組而成的，同事們相處融洽，只要有一人提議：「我們不要睡午覺，先出去走走！」大家便熱烈地響應。出門旅遊，原本爲增廣見聞，儘量少睡覺，是理所當然的事。一行人隨著領隊與全陪先生在亮麗的陽光下，喧鬧的蟬鳴聲中，過了小橋，到達對岸的一座公園。這座公園名叫「戴震公園」，建築在屯溪山坡上，爲紀念有清一代著名的訓詁學者戴東原先生而修建。「戴震陳列館」陳列著先生的著作與墨寶，位於小山之頂，從此處極目遠眺，一代大儒故園在望，眞乃千古不朽之氣勢也。若東原先生身後有知，亦當含笑稱慰矣！紀念館屬徽派建築，白牆、黑瓦，方形屋簷上有飛揚的尖角，可惜年久失修，某些地方有坍塌之虞。庭院中滿置徽派盆景，特色是：盆大、樹大、枝幹虬結扭曲，如龍蟠鳳舞之狀。

下了山，領隊帶我們走進沿河一條宋代遺留下來的「老街」，如今中國大陸保存下來的老街，沒有一處比這兒更完好的了！我們曾走過成都的仿古街，但亦僅爲「仿古」而已，眼前卻是一條近千年前的古街坊遺蹟哪！如果不是位於不顯眼的山腳下，可能不能倖免於戰火的摧殘了。我爲這意外的幸運老街所感動，驚喜得眼睛都不敢眨一下，唯恐眨眨眼一切便消失無蹤了。

老街都是木造瓦屋，以兩層樓居多，雕樑畫棟，古意盎然。街上鋪著方形石板路，時有人力板車、三輪車、腳踏車以及小毛驢駕車而過。當我對準小毛驢要按相機快門時，駕車的車伕大聲地開玩笑說：「拍一張要五塊錢哦！」

商店裡大多數賣著古玩、玉器、蘇繡、筆墨、茶壺與字畫。每家店鋪的招牌字號都非常古雅，例如：「思齊堂」、「藝寶齋」、「蒼珮室」、「汲古齋」、「寶硯堂」、「醉墨山房」以及「阮小二酒店」等等。在「思齊堂」裡，居然看到了古代堂屋的天井，以透亮的天空採光，藍天白雲悠然可見，十分詩意。「阮小二酒店」酒帘高掛而飛揚，古色古香，令人不禁要聞香下馬。

晚餐後，我與外子和程南洲學長、秦振央老師四人行再逛老街。臨河的花溪飯店藝術燈光照亮了整座黑漆漆的古樸小鎮。許多鄉民出來納涼、散步，溪邊有婦女浣衣。男人們游泳，只聞水流嘩剝聲、嘩啦聲，沒有任何噪音，一副與世隔絕，不知今夕是何夕的模樣。在這裡要想使人們了解什麼民主思想、社會主義，似乎是極不可能的事。

再踱過小橋，走到老街，這一次不是純觀光了，而是和商店的主人們在一片和氣聲中討價還價，程教授忙著搜尋古玉，我則迷上了各式各樣的宜興小茶壺，外子忙著看字畫；不久與同團的女士們相遇，她們正在「拾玉鐲」，買蘇繡……大家在古代的老街裡不期而遇，好驚喜的感覺！

大約是依山臨水的緣故吧？老街的小飛蟲特多，一會兒工夫我們頭上身上都撲滿了小蟲，竟揮之不去。許多老店都熄燈趕飛蟲，當我們走在黑漆漆的古街心，失望地說：「都關門了，算了，回去吧！」忽聞店東喊著：「沒關門，我們在趕小蟲子！」瞬間燈光又一盞一盞地亮起來，店主人又殷勤地邀我們進去參觀。

那晚，漫步在黝黑的小橋上，欣賞花溪飯店藝術燈光的照耀，三江匯流處的波光閃閃，回首彼岸宋代老街如幽靈般的蟄伏於山腳下碧水畔，想東原先生英靈高踞山頭，擁抱著他熱愛的故鄉；忽然之間，覺得一切都變得極不眞實，如夢似幻，夏夜的河上涼風陣陣吹來，眼前景物隨著疲憊的腳步在浮動，哦！屯溪與老街，花溪飯店與可愛的梧桐樹，你們都是我夢中的景物吧？

（原載中央日報一九九一、十、二一）

新安江上的平流霧

曾讀孟浩然的宿建德江詩：「移舟泊煙渚，日暮客愁新。野曠天低樹，江清月近人。」建德江早已像一幅水墨畫，朦朦朧朧地浮現在我腦海裡。

此次長江三峽之旅，搭乘汽艇橫越「千湖島」（爲世界最大的人工湖，比西湖大一〇八倍），經過漫長的六個半小時航程，飽覽了一千零七十八個島嶼，在視神經快累得麻痺的時候，小船終於靠岸了，原來我們已從安徽省來到了浙江省境。

登岸的小鎮叫做「白沙鎮」，「千島湖」便從這兒出口，銜接著一條碧如翠玉的河流，名叫「新安江」，導遊又補充一句：「在古代，它的名字叫做建德江！」一句神來之筆的補充，遂提醒了我對唐代詩人孟浩然詩句的求證之心。

白沙鎮的鎮民沿著新安江邊生存著，也不知從何年何月開始的？這古樸簡陋的小鎮屬於浙江省新安縣。鎮上一條主要大街新安路，路面既寬且直，兩旁種植著法國梧桐樹，高大茂密，枝葉交錯，形成遮蔽天日的濃蔭大道。鎮上最新最現代的建築是「新安江大酒店」，坐落於濃蔭道旁，也是我們旅途中的投宿處。

晚餐後，導遊帶著我們一行人走出飯店，才右轉彎，走了約數十步便來到新安江邊。高高的河岸甚爲寬廣，河堤上鋪設著造型雅緻的石板路，中間每隔數公尺便種一株垂柳，樹下設有遊人雅座。岸邊有一寬闊石階，氣派非凡。沿階而下便是水濱，許多婦女黃昏時分在此洗衣，男人們則在水中游泳消暑。我們迫不及待地奔赴江邊，伸手去觸摸那翠玉般的江水，不料江水之寒竟令人大吃一驚，彷彿從盛暑中觸碰到冰冷的冬天，那種沁涼入骨的感覺，令人永遠難忘。

原來新安江的江水縱使在炎炎盛暑，水溫也只有攝氏十四度，與陸地上的三十餘度氣溫相較，溫差比任何一條江都大，於是形成江面一種特殊景觀——平流霧。這種平流霧低低地漂浮於江面，久久不散，蔚爲奇觀，也是全中國唯一的一條具有平流霧的河川。

由於漫步新安江時，已是夜幕低垂時分，江上煙水迷離，平流霧隱在幽黯的河岸燈光中，實難分辨。此時月亮未升，亦無法想像那「野曠天低樹，江清月近人」是何等光景？行行復行行，且讓我們分享白沙鎮鎮民的天賦美景吧！河邊有人散步，有人靜坐凝思，也有一群人帶著孩子在遊艇售票口等待登船夜遊。票價是每人三元五角人民幣。眺望江面，遠遠的一艘船影，四周懸掛著彩色小燈，緩緩地在煙波江上移動著，船上傳來隱約的人聲與音樂之聲。

一會兒功夫，我們轉入新安路逛白沙鎮著名的夜市。小小的鬧區有廣場、雕塑、酒店、卡拉OK、電影院及小型百貨商店；沿著新安路，大道兩旁法國梧桐樹下全是擺地攤的個體戶：衣服、鞋襪、日用品、水果、小吃、應有盡有，只是書報攤奇少（一家書攤僅賣兒童漫畫書）而香煙攤特多，每隔數十公尺便有一家，香煙的種類繁多，看得人眼花撩亂，生意之興隆亦為一大奇觀。此次行經各大城市見男女老少都喜抽煙，顯然大陸已成為全世界最大的抽煙王國了。

這兒的水蜜桃沒有成都的大而多汁，但每個只合台幣兩、三元，的確便宜得不忍不買。程學長又請我們吃西瓜，每人一大片，四個人一共也花費不到台幣十元。與大陸同胞站在一起，當街吃西瓜，享受古建德江上吹來的涼風，那種鄉野的樂趣眞非筆墨所能形容呢！

次日清晨八點半，旅行團便得離開白沙鎭繼續未來的行程。行前十幾分鐘，程學長從外面跑進旅館，叫我與外子到江邊去看大霧。原來他起得早，已先到江邊去欣賞平流霧了。我們三人急急向江邊奔去，那時旭日初升，銀亮的陽光照耀著白沙鎭，新安江以不同於昨夜的美姿呈現眼前：翠玉般的江面上，一層乳白色厚厚的濃霧輕輕地隨江飄浮，江面載負著濃霧猶如碧波擁抱剛從天空墜下的朵朵白雲；輕移緩動的濃霧亦如一位仙女輕輕地吻著她千古不變的戀人，這就是著名的新安江上的平流霧。江水向東流，霧亦向東飄，江水綿延悠長，霧亦如輕紗，如軟帳，柔柔地緊浮於江面，以極輕、極緩而曼妙的舞姿，飄向遠方……

面對此一奇景，我痴痴地凝望著，貪婪地把它們輸入記憶的程式裡，預備往後的日子可隨時翻閱、搜尋。雖是短短的十餘分鐘，我慶幸能在學長的提醒下得以欣賞到「平流霧」的仙姿綽約與古建德江的神秘容顏，眞是不虛此行哩！

遊覽車開動了，當導遊再次提到新安江上奇特的平流霧時，許多人都遺憾地嘆息說忘記在清晨去江邊走走，幸而車子行經江邊一條岔路口時，還能遠遠地看見那條乳白色氤氳如帶的大霧，當衆人異口同聲地發出讚嘆：「好美哦！好美哦！」之際，平流霧已瞬間被許多房屋、樹木遮擋住了！

（原載青年日報一九九一、十、十九）

西湖尋夢

未到西湖，早已在古人的詩詞中、遊記中神遊無數回了。白居易爲它修築白堤、蘇軾爲它修築蘇堤、袁宏道爲它寫著名的「西湖雜記」，歷代文人騷客們往往隱居西湖尋找靈感，就好比世界各國的畫家們總想旅居巴黎，接受那藝術殿堂的洗禮一般。

八月十四日，我們終於來到聞名遐邇的西子湖畔。西湖又名錢塘湖、或明聖湖、金牛湖，稱之爲西子湖，那是由於才氣橫溢的蘇東坡所寫的一首詩——飲湖上初晴後雨：「水光瀲艷晴偏好，山色空濛雨亦奇。欲把西湖比西子，淡粧濃抹總相宜。」將中國古代傾國傾城的美人西施，用來比喻西湖之美，眞乃天才之思，曠古絕想。

初至西湖，是個颳著狂風的下午，天空烏雲漫漫，廣闊的湖面呈銀灰綠色，一片煙水茫茫，「百頃風潭，十里荷香」的景象。近處的湖水，在狂風吹拂下，不停地搖盪，波濤拍岸，發出清脆的聲響。湖中的荷葉，碧綠翻飛，幾朶艷麗的荷花，遲遲開放，似乎在等待我們的來到。彷彿是風將蓮荷驅趕至湖畔一角，彷彿是風搖撼著西子的沉夢。我初見的西湖是充滿活力的、具有驚人魅力的美麗湖泊。如果山岳代表陽剛之美，而湖泊則代表陰柔之美。湖泊有如大地之明眸，使我們透視了宇宙最深邃的美麗。

走在蘇堤上，兩岸垂柳在風中飄揚，數不清的柔條綠絮在蘇堤兩旁交相蝶舞，構成一幅律動的畫面。西湖的銀灰綠面紗，漂移的荷葉荷花，遠處悠悠的畫坊，把西湖粧點得活潑而優雅。我是那西湖風雨欲來時的過客，是個來自遙遠地方的尋夢者，爲的是一睹西湖煙雨的醉人風采。

晚餐時果然下了一場驟雨，但飯後雨停了，大家紛紛計劃如何利用晚上的自由活動時間，多數人去遊杭州鬧市，我與外子，陳岩雄教授夫婦，忽發奇想，四人分乘兩輛三輪車，夜遊西湖。每車以兩小時包下來，車資四十元人民幣，車伕又可充任臨時導遊，實是兩利之舉。

由於驟雨初歇，風靜湖平，暑熱盡消，西湖驀地又呈現另一番風貌。兩輛三輪車沿著孤山下緩緩行駛，又行經蘇堤與白堤。我們在「蘇堤春曉」、「斷橋殘雪」的勝景處下車，徒步行走，此時雖未見「春曉」與「殘雪」之旖旎風光，但觀蘇堤長青、斷橋不斷、長橋不長、孤山不孤等實景，也極值得。夜遊西湖的人眞多，湖畔的情人座幾乎沒有空著的，白堤上情侶雙雙，有「情人路」之稱，孤山下的公園入口處數以千計的自行車停放著，情侶們都到山上去約會了，足以證明杭州人說「孤山不孤」是絕對正確的。

終於來到「平湖秋月」的勝景處，原來此處樓台曲橋臨湖構築，是欣賞西湖全景的最佳角度。尤其中秋節在此賞月，更是風雅勝事。樓台水榭上，擺滿了茶座，茶香四溢。許多人悠閒地品茗、嗑瓜子、聊天，一面欣賞那煙水迷離的西湖夜景，一面享受來自湖上的徐徐涼風，眞乃上有天堂，下有蘇杭也！

湖畔的茶座極多，酒樓的字號也令人激賞，例如：「山外山」、「樓外樓」、「天外天」、「西子酒樓」、「斷橋酒家」等等，台灣人新近開一家豪華的酒店名叫「流霞」，兼營KTV生意，屬於高消費額的酒店。露天音樂也在湖濱舉行，那兒人頭鑽動，燈光閃爍，歌聲舞影，眞是西湖歌舞幾時休的景象。

次日，天朗氣晴，艷陽高照，我們又乘船遊湖，此時西湖風光明媚，裡西湖、外西湖、蘇堤、白堤以及環湖十五公里的路面均清晰可見，與昨日下午的狂風景致、夜晚的幽暗迷濛情調迥異。「牡丹亭」附近種滿牡丹，每年四月二十日左右盛開一週，此時只見綠葉繁枝而已；「竹亭」搭建於湖畔水中，全用竹子構築，上書「國色天香」四個大字，雅趣橫生。此外，「花港觀魚」的樂趣、「三潭印月」的解謎、「雷峰夕照」的消失（雷峰塔早已崩塌），都一一領略。遙立於西湖山頭的寶俶塔明媚如少女，六和塔粗壯如壯士；古老的靈隱寺，早已爲康熙皇帝易名爲雲林禪寺；冷泉亭的乾涸蒼涼；飛來峰、虎跑泉、濟公廟都是值得一遊的名勝古蹟。

西湖是個春夏秋冬，四時皆宜去拜訪的好地方：春天去探訪「蘇堤春曉」、聽聽「柳浪聞鶯」；夏天去享受「曲院荷風」；秋天去等待「平湖秋月」；冬天去尋覓「斷橋殘雪」。西湖晴天美，雨天亦美；狂風怒號美，靜夜星空更美！每一條道路、每一座橋樑、每一處勝景都是集合了中國歷代文學家、書畫家、建築巧匠之智慧，利用大自然美景，精雕細琢出來的一座人間天堂！

（原載青年日報一九九一、十一、二四）

(二)絲路之旅

拜訪小毛驢的故鄉

喀什是喀什噶爾的簡稱。喀什噶爾古稱疏勒，是西元前二世紀已經存在的西域三十六國之一，漢書早已對它的概況作了記載。

歷史學家認爲這座城市是中國最早的國際性商業城市之一（距俄國有一百七十四公里，距巴基斯坦四百八十公里），喀什位於南疆之西陲，一向有「絲路明珠」之稱。有句話說：「不到喀什，就不算到了新疆！」

與「沈默的羔羊」合照！

我們的旅行團，從烏魯木齊搭機飛越一千多公里，來到這個古老、神祕而又奇異的地方。當巴士駛入市區時，才眞正體會在沙漠中發現綠洲的驚喜感覺。

只見道路兩旁白楊樹愈來愈高、愈來愈密，天然的黃土溝渠，滾動著渾濁的渠水，灌溉農田，流速之急，令人驚奇。車行至「色滿賓館」附近時，往來驢車蹺蹺，原來喀什的主要交通工具是驢車，其次是馬車、自行車，汽車甚少。

我們從小愛唱「我有一頭小毛驢」的歌兒，誰看了這種風光不滿心雀躍？喀什，原來是

「小毛驢的故鄉」！

「色滿賓館」雖屬二星級旅館，但典型的回教式建築，廣大的伊斯蘭庭院設計，美麗的亭台和少女舞蹈雕塑，奇花異卉，看得人目不暇給。穿著喀什鮮豔奪目服裝的女服務生在門口列隊鼓掌迎接，令人有賓至如歸之感。

晚餐時，大家享受生平第一次的「烤全羊大餐」。當廚師用餐車推來一隻烤熟的全羊時，大家既驚喜又悲憫。驚喜羊頭上披戴大黃花、紅彩帶，嘴裡啣著青草，歪斜著脖子伏地跪姿，栩栩如生；悲憫怎麼忍心吃牠？大夥兒紛紛與這隻「沈默的羔羊」合影。但入境隨俗，既然人家早已烤好，我們已別無選擇。

坐驢車遊街！

飯後出去散步，想不到被驢車吸引住了，駕驢的孩子即老練地來兜攬生意。我們五或六人一組坐上驢車，在街上遊逛。此時，白天的酷熱已消散，涼風習習，眞是名副其實的「兜風」。

大約只有十一二歲的小男孩站著駕車，堪稱絕技，每當他嫌驢走得慢時，便狠狠地揮鞭抽打牠。我們紛紛呼叫：「不要打牠！」「慢慢走更好玩！」但孩子聽不懂國語，不明白我們的意思。更有人嚷著：

「你若不打驢，我們加錢！」

男孩好像只懂一個「錢」字，便牢記於心，下車時，我們每人多給他一塊錢，他好高興。

後來聽到乘另一輛驢車的人悲憫之心更重，乾脆半數下車去推車，以減輕驢兒的負擔，從此幾個人時常調侃自己「比驢更驢」的趣事！

到喀什，發現大多數人都像外國人：大眼睛、高鼻樑、深深的輪廓。

原來維吾兒族占百分之七十五、漢族占百分之十五、其他各民族占百分之十。他們都很融洽地生活在一起。乾隆皇帝最寵愛的香妃出生在這裡，死後的衣冠塚也在這裡，眞正的棺木葬在河北遵化的裕陵妃園中。

著名的「香妃墓」原名「阿帕克霍加陵墓」，這個維吾兒家族領導當時的喀什人民。由於香妃的表哥助清有功，香妃便隨表哥奉召入京，乾隆皇帝對這位美女一見傾心，從此步步高升，最後册封爲「容妃」，文人筆下仍喜稱她香妃，因她當初進宮時身上藏著「沙棗花」，芬芳襲人的緣故。

「阿帕克霍加陵墓」是典型伊斯蘭式建築，建於一六四〇年，墓室羅列著這一個大家族中男女老幼、大小不同的棺木，棺形是倒覆的搖籃式樣。香妃的棺木比較窄小，只是其中之一而已。此墓與市區中心的「艾堤卡爾大寺」採同一種建築外觀，而後者是中國最大的清眞寺。

「巴扎」趕集去！

星期日是喀什每個星期中最熱鬧的日子，家家戶戶趕集去，當地人稱之爲「巴扎」。漢書西域傳中即記載此一古老習俗。

當巴士駛往市集時，看見四面八方的馬車、驢車、行人都朝「巴扎」走去。一時塵埃飛揚，車聲、人聲、鈴聲、吆喝聲不絕於耳，每輛車都載著婦孺和貨品，叮叮噹噹好不熱鬧。

到了「巴扎」，所有的牲口和車輛都停在路旁，人們則向市集湧入。「巴扎」裡攤位排列成大街小巷式樣，在這裡你可以買到鮮麗奪目的衣料，各式各樣的小花帽，鑲著紅綠寶石閃亮的新疆刀，金絲或銀絲的女人頭巾，花色奇特的大小背包，以及鐵器、銅器、木製用品等，手工藝之精美，令人讚嘆！各種乾果仁堆積如山，我第一次看見新鮮的無花果，淡黃色稀稀軟軟地攤在籃子裡，由於塵土飛揚，沒敢買一個嘗嘗。這裡的石榴、酸梅也與無花果一樣，名聞遐邇。

「老城」走迷宮！

「外籍市場」是喀什人和俄國人交易的特區，必須買門票才能進去，那兒人潮洶湧，許多人隔著鐵柵門往裡觀看，我們也好奇地進去觀光一番。爭相購買了幾條俄國的羊毛圍巾以及已成歷史絕響的「紅星」表——沉甸甸的感覺、便宜的價格，都令人難忘。

下午參觀一座具有八百年歷史的古城，當地人稱之爲「老城」，房屋都用黃泥和成的「夯土」打造，大街小巷全是泥牆、泥磚，街衢狹窄曲折，縱橫交錯，在裡面行走與迷宮中行走的感覺相似。據說這座古城和已成廢墟的交河古城的造形完全一樣，值得保護與重視。

「老城」裡面仍然住著不少人家，政府下令房屋壞了可以修復，但只修內部，外觀不准更改。我們參觀了其中一戶有「文明家庭」標誌的房屋，內部全貼新式磁磚，上下三層，一層在地表，兩層在地底，天井式的小院中栽種蒔花，布置精巧。

走到喀什鄉下，你可以要求參觀當地的農家，幾乎家家都歡迎我們進去看看。有一家婦女正在院中圍著大火爐烘烤饢餅，香氣四溢，她們立刻請我們吃饢餅，又熱又脆，喀什人的好客與熱情眞是罕見。離開村落時，一群孩子追跑著揮手送別，讓我們體會到，雖然我們語言不通，但心靈卻是相通的。

我們經過兩天時間，輾轉五六千公里的航程來到喀什走一遭，雖然備嘗辛苦，但喀什沒有令我們失望！

（原載聯合報一九九三、一、七）

天池遊蹤

天池，相傳是王母娘娘的一面明鏡，又名瑤池。位於天山山脈一座高五四四五公尺的伯格達峰的半山上，因此天池的實際高度僅一九八〇公尺。面積四・九平方公里，水深一〇五公尺。天池中盛產黃瓜魚，又名無鱗魚。

七月廿七日，我們旅行團從烏魯木齊乘巴士上天池。這一段行程是一一〇公里，我們邊行邊看，天山風光最美之景，盡收眼底。沿途山麓的旱田地裡種著玉黍蜀、向日葵、油菜、麥子。一眼望去，碧綠的玉黍蜀田、麥田和燦爛的金黃色向日葵田、淡黃的油菜花田，相鄰相依，色彩鮮麗奪目。陽光亮麗，但氣候乾爽，一點兒也不流汗。

從終年積雪的天山流下來的溪水，逐漸匯為小渠、小河，水流急湍，銀白的水花四濺，潺潺之聲不絕於耳。成群的牛羊爬在山上吃草。騎馬的哈薩克人也愈來愈多了，他們的騎術精良，有的悠悠漫步，有的快馬加鞭飛馳而去。這裡的馬兒當然是「天馬」，這裡的道路更是名副其實的「馬路」哩！

「小天池」首先出現在路的右側，是一彎碧綠如翠玉的山間水塘，嬌小玲瓏，清麗嫵媚，導遊高慧小姐說：「這是王母娘娘的洗腳盆兒！」大家聽到如此形容，都笑了起來。

在「小天池」上端的山坡上，我們初見嚮往已久的蒙古包。四個蒙古包散布在青草地上；我們停車下去拜訪這幾家人。哈薩兒人臉頰都有兩朵紅暈，堪稱特色，他們的好客也不亞於「喀什」的維吾爾族。他們請我們走進蒙古包裡參觀、攝影，並品嘗奶茶和饢餅。蒙古包中以氈鋪地，上去必須脫鞋，每家人以棉被堆疊得愈高表示愈富有。大家紛紛借戴哈薩克人的小花帽，端起奶茶拍照紀念，蒙古包裡充滿了我們這群遊客的歡笑之聲。

我忽地瞧見門邊拴著一隻純白的小綿羊，便抱起牠來，牠眞是世界上最溫馴的小東西，全身熱呼呼軟綿綿的，不掙扎、不亂叫，這平生第一次抱小綿羊的感覺眞美妙。接著又與熱情的女主人和小孩子們合影留念。爲了感謝他們的熱情款待，大家都向他們買幾朵晾在棚子下的天山特產「雪蓮」，這種花兒與荷花、睡蓮相似，在天山雪地裡開放，生長在五千公尺以上地區，五年才開一次花，因此是名貴的中藥材料，可治風溼病等。

天池終於在望了，遙望大門入口處的招牌上寫著：

「笑迎天下客

滿意在天池」

初見天池，只見一泓碧綠的湖水，清靜幽絕地鑲嵌在群山之中，的確是碧波萬頃，明澈如鏡。遠處五千多公尺高的伯格達峰身披銀裝，皚皚白雪反投其光輝的銀白色於湖中，因此湖面上半呈翡翠色，半呈銀白色；當陽光躲進雲層之後，湖水又由於一〇五公尺之深度而轉爲寶藍色。這就是聞名遐邇的天池，我們從小讀地理時便熟知的地方。

天池四周環山，山坡上長滿天山松，細瘦高聳，草地上開滿了各色奇異的野花，紅的、白的、紫的、黃的，把山坡點綴得像美麗的大地毯似的。這裡的鳥兒也特別多，其中以鷹的滑翔美姿、烏鴉的呱噪最引人注目。哈薩克族最崇拜鷹，他們以鷹爲族人的標誌。

午飯後，導遊叫我們睡個午覺，四點鐘起來遊湖。我們全團剛好七男七女，分住山上、山下兩棟木屋，兩棟木屋遙遙相隔，聯絡不易。我們這七位女團員，誰也不忍睡覺，於是放下行李，出去遛躂。

剛出大門，張海清教授便帶著兒子來找媽咪（我的另一半則乖乖睡覺，沒來找我），九個人在木屋區大門口，立刻被許多牽馬的哈薩克人包圍。「先生，要不要騎馬？」「太太，要不要騎馬？」「十塊錢一個小時，不要怕，不會騎，我們可以牽著馬走——」

一時之間，張家三人都動心了，勇敢的陳女士、胡女士在鼓勵下早已跨上馬鞍，我一向膽小，怕摔下來，受了傷的話，以後的十四天行程怎麼走法？可是轉眼間連一向比我更謹慎的伍慕燦教授都勉強爬了上去，他們走後，只留下我一人，人生地不熟的，也是危險，於是也勇氣十足地爬上馬鞍。

威風凜凜——我終於第一次騎天馬了，雖然是由人家牽著天馬慢慢走的。牽馬的小伙子名叫「霍森」，是新疆大學新聞系的學生，暑假來打工的，他長得英俊瀟灑、文質彬彬，聽說我是老師，對我更加禮遇和照顧。平地走完了，接著是騎馬爬山，韁繩在霍森手裡，我只能抓緊馬鞍，崎嶇的山路，忽上忽下，忽東忽西，忽而在松林中俯首穿越，忽而在高突的山頭昂首立馬，飽覽天池各種不同角度的勝景。涼風襲人，衣袂飄飄，眞有登臨仙境、造訪瑤池，不虛此生之感！

霍森又帶我們探訪一個人蹤罕至的大瀑布，那就是五千多公尺的伯格達峰融化的雪水，從奇險無比的山巖縫中奔騰而下，發出萬馬奔騰之巨大聲響，銀花飛濺，如煙如霧，煞是驚心動魄的天然奇觀。此水流入天池，便成爲美麗的天池永恒的生命泉源。

回程中，大家似乎都不再怕馬了，牽馬的人與遊客同騎一匹馬的比比皆是，只是霍森仍爲我牽馬，走回平坦的「馬路」上時，他說：「妳自己拉著繩子騎騎看！」我居然勇敢地答應了，這匹才五歲的棕色小天馬，便在路上躂躂地走著，四平八穩的，我眞開心極了！天山路上騎天馬，將是一向膽小的我最値得誇耀的事。

回到原地時，想不到已過了兩小時（加倍付錢），可急壞了另外五位團友，和全陪蘇麗、地陪高慧小姐。她們到處去找我們。外子也擔心我從馬上摔了下來受了傷。我們九人連忙解釋、道歉，只怪我們太專心於騎馬看風景了，誰也想不起該看看手錶，因爲時間在天山似乎是不存在的。

（原載中央日報一九九二、九、十九）

吐魯番熱浪滾滾

七月廿九日上午，我們的旅行團從烏魯木齊乘巴士到吐魯番，愈走愈熱，途經著名的達坂城時，熱浪滾滾襲來，只見柏油路面都融化得直冒白煙；卻未見到美麗的達坂城姑娘（據最近研究發現，達坂城由於盛行近親通婚，已產生許多智障者，美麗的姑娘早已不復可見）。

不久車窗外已是一片大戈壁景象——全是砂礫山和荒漠的平原，寸草不生。遊導高慧小姐講述說：吐魯番最熱的地區是火焰山，地表平均溫度在攝氏七十度至七十五度之間。當地人形容其酷熱為：「沙窩裡煮熟雞蛋，牆壁上可烤燒餅。」

吐魯番盆地的面積並不大，大約五〇一四七平方公里，而其中低於海平面以下的面積有四〇五〇平方公里。中間橫臥著一條東西長約一百公里，南北寬約十公里，高度在五百公尺左右密佈著皺褶的火焰山。

「火焰山」在烈日下呈赤紅色，當地人稱它為「紅山」，這條火龍似的巨山把吐魯番盆地分為南盆地與北盆地兩部分。「西遊記」裡孫悟空向鐵扇公主借芭蕉扇，扇滅了「八百里火焰」的故事，使得這座看不到一棵樹、見不到一株草的奇異紅山，大大地提高了它的知名度。

唐代邊塞詩人岑參，生前曾經多次在火焰山前來去，他的「火山雲歌送別」詩說：

火山突兀赤亭口，
火山五月火雲厚。
火雲滿山凝未開，
飛鳥千里不敢來。

眞是確切地描述了人們對此山的感受。經過四個半小時的艱辛歷程，終於過了火焰山，進入吐魯番的綠洲市區了。幸好當天的溫度在攝氏三十五度至四十五度之間，尙未到八月中旬近五十度的高溫。我們昨天在寒涼的「天池」，今日已墜入低窪的「火洲」，途中已有幾人不支病倒，包括外子在內。

我們下榻的「綠洲賓館」，是屬於伊斯蘭式建築形式，十分美觀。門外大街如青年路、綠州路，全搭滿了葡萄棚架，不論快車道或人行道，均是濃蔭密佈，成千上萬串的青葡萄，如翠玉般地垂懸於棚下，道路之美，令人稱奇！

這個都市目前人口有廿萬，市區內十七萬，市郊三萬。百分之八十爲維吾兒族，他們在新疆十三大民族中佔最大的一族。容貌的特色是眼睛大、輪廓深，有些兒像中亞人種。

吐魯番的酷熱使人們白天絕少出門，因此我們的參觀活動也安排在熱浪稍減的下午五時以後。

交河故城

曾在唐詩中讀過李頎的「古從軍行」，詩中說：

白日登高望烽火，

黃昏飲馬傍交河。

詩意雄奇而悲壯。「交河」是河名？或是城名？總弄不清楚。原來「交河故城」距吐魯番市以西十公里，坐落於一片光禿禿的黃土台地之上，這兒寸草不生，在廣袤的廢墟間，我們只見天地間似乎只存在著三種顏色了——黃色的斷垣殘壁、藍色的天空和幾朶白色浮雲而已。

交河古城初建於西元前二世紀，毀廢於十四世紀前半葉元代的連綿戰火中。在長達一千五、六百年的漫長歲月裡，交河因形勢險要，一向是兵家必爭之地，一座新疆地區的赫赫名城，城內工商業發達，城外農田藉雅爾乃孜溝之灌溉，得以連年豐收。

在斷崖殘壁間，依稀可辨出厚實的黃土城牆，一條長達三五〇公尺的大道縱貫全城。大道盡頭是一座佔地約五千平方公尺的大寺院遺址，在這裡曾採集到唐代蓮花紋瓦當，是全城少數使用磚瓦的建築之一。寺院中有兩口乾涸的古井，深不可測，可見當日這兒的確有井水，適於人居住。殿後尚有佛龕與殘存之佛像。

大道兩側是高且厚的土牆，中間縱橫交錯著許多短巷。據說當年的紡織、釀酒、製鞋等工作坊即在這些街坊之中。居民們的房屋均在地表之下（可能爲防熱吧），走在其中的街巷裡，有如在人工挖掘的溝渠中行走，也像在迷宮中行走，那種感覺實在奇異。我們在「喀什」曾經走過的那條尚有人居住的具有八百年歷史的「古城」，其構造與此處完全類似。

唯一點綴著廣大故城的是城門口幾株綠樹，和樹下一兩家賣紀念品的商店。顯示著這兒還有一點兒人類的生氣。唐詩人岑參「書贈友人」詩云：「……渾驅大宛馬，擊取樓蘭王。曾到交河城，風土斷人腸。……夜靜天蕭條，鬼哭夾道旁。地上多骷髏，皆是古戰場……」遙想當年實況，那種弔古傷今的悲壯悽厲情懷，不覺油然而生。

坎兒井

吐魯番的葡萄被測試評定爲含糖量最高的葡萄，遠遠勝過美國加州葡萄。吐魯番盛產瓜果，這火熱的綠洲竟是如此富饒，不得不歸功於著名的水利灌溉工程——坎兒井。這是一種地下暗渠，利用盆地地形及下流的水勢，修築暗渠，使地下形成一條條人工河（若修在地表，因熱水份便蒸發，水量無法到達盆地中心），引天山融化之雪水流入暗渠；爲免沙礫阻塞渠道，地面上每隔二、三十公尺便掏挖一口立井（又稱直井或豎井），暗渠之水流到田隴附近平地，便汩汩而出，露出地表，叫做明渠。一條坎兒井，往往有數十、上百座立井，長度也在三、四公里以上。

這項工程在遙遠的古代（據王國維西域井渠考推測，在兩千多年前的漢代即有此項工程），只靠鍬、鎬及簡單的轆轤機械完成，確實艱辛異常。現存一千多條坎兒井，僅算地下暗渠（立井工程不算），長度最少也在三千公里以上，這是怎樣浩大非凡的工程啊？因此，有人將它與長城、大運河相比擬，稱爲我國古代三大工程之一。

阿斯塔那古墓群

由於吐魯番地區特別燥熱，人們死後的屍體葬入深約四、五公尺的地下墓穴中，不用棺木（當地缺乏木材），屍體安置於土台之上，久而久之，便「烘焙」爲乾屍了。安葬在距吐魯番市四十二公里的古墓群裡的古人，百分之八十變爲乾屍——木乃伊，而永垂「不朽」了。

這些乾屍，屍體完好，髮膚、指甲、內臟俱存。有夫妻合葬、有獨葬；姿態有仰臥、有側臥；有些衣服尚能蔽體。墓內出土的文書、帳簿、信札、衣物、壁畫、陪葬日用器物以及各色木俑、墓表、墓誌等，對考古學研究之貢獻極大。堪稱保存古代文物的天然寶庫。

可惜絕大部分被中外盜墓者挖掘過，古物散失甚巨。我們曾參觀其中兩座古墓，猶如進入一個古人的死後家庭，洞穴亦有正室、左右側室之分，洞壁之彩繪依稀可見。一雙雙夫妻合葬的乾屍，竟眞成爲「不朽」之身了。

阿斯塔那古墓群的時代約在西晉泰始九年（西元二七三）至唐大曆十三年（西元七七八），前後歷時五百年。

註：現存烏魯木齊博物館的乾屍，最古老的哈密乾屍距今有三千二百年歷史。

（原載青年日報一九九二、八、三一）

大漠驚魂記

記得五、六月在學校裡籌組旅行團招兵買馬之際，許多同事一聽行程是「絲路之旅」便猛搖頭說：「那樣可怕的大沙漠有什麼樂趣？」或者是：「什麼？到吐魯番，太熱了，我怕熱！」

但是熱中於欣賞邊塞風光與古代絲綢之路文明的同事們，仍然執著地組成一個十四人的小型旅行團。

我們走絲路是倒著走的，即由塞外回到關內，是倒吃甘蔗、先苦後甜的走法，可充分體會古人由絲路走回長安時的快樂心境。七月廿三日由臺北經香港抵廣州住一夜，廿四日再由廣州經北京飛往烏魯木齊（以前稱「迪化」）。然後以烏魯木齊為中心，在新疆暢遊七天。接下來的行程是從吐魯番搭火車至柳園，再轉巴士去敦煌參觀舉世聞名的莫高窟、鳴沙山和月牙泉。之後繼續往東行，作為期十八天的絲路之旅。

七月三十日，晚餐後一行人登上巴士要趕往離吐魯番市區很遠的火車站，車程是一個多小時，中間必須穿越荒涼的沙漠。

大家便利用這段時間在車上和新疆文化旅遊公司的導遊高小姐依依話別。她是一位生長在烏魯木齊的山東姑娘，受過外語學院良好的教育，像新疆姑娘一樣熱情又大方，服務努力幾乎到了鞠躬盡瘁的地步，大家一致感謝她、疼愛她。因此，有人致臨別贈言，有人唱離別歌或懷念曲，有人贈送禮物，一時之間大家激動萬分，幾乎把所有美好的形容詞都用來形容高小姐了：熱情、大方、溫柔、具有北國女兒的豪情與南方姑娘的柔媚……。害得這位純樸的小姐眼中飽含淚水，感動得為我們致上祝福的話，祝詞因人而異絕不雷同，足見她善於觀察人性、又長於言辭表達，的確是一位最有人緣的好導遊。有人想把她介紹給弟弟當女友，有人想把她帶回家當兒媳婦，也有人建議她由新疆「地陪」改為絲路之旅「全陪」，一直陪我們到西安。

七天的新疆之旅充滿美麗動人的回憶：參觀烏魯木齊博物館看三千年乾屍；逛遊喀什的「巴札」（市集之意）、大清眞寺、香妃墓、八百年老街；也曾在天山的天池第一次騎馬；又經吐魯番熱浪滾滾的火焰山，參觀深藏在火焰山山腰上的伯孜克里克千佛洞，以及吐魯番近郊的古代建築蘇公塔、水利工程坎兒井。又在交河故城、高昌古城的廢墟間徘徊流連，發思古之幽情。最後一個下午是在吐魯番的「葡萄溝」的葡萄街上享受三塊錢吃到飽的水果大餐——著名的馬奶子葡萄、無子葡萄、哈密瓜、西瓜，教你吃個夠。

此時此刻，「新疆地方好！」一首民謠中的歌詞便凸顯出來，在心中不停地迴蕩。

晚上八點四十分，車子仍在寸草不生的戈壁中緩緩前行，太陽尚未下山，狂風襲捲著漫天的飛沙走石在車窗外呼嘯著、敲擊著，我們還差十公里的路程便可到達吐魯番火車站。突然車廂裡冒出一股焦味兒，我心中便嘀咕起來：「上帝啊！車子該不會半途拋錨吧？」

「咦？有燒焦的味道，恐怕車子出了毛病！」司機先生緊張地宣布，一面停車下去檢查。

「怎麼辦？九點四十分的火車是不會等人的！」有人急得尖叫。

全團十四人外加領隊、全陪、地陪，一共十七人，頓時由歡樂的氣氛中跌回到可怕的現實——眞是樂極生悲！

「領隊先生，快下去攔別的車子，我們搭便車去趕火車吧！」反應快的團友立刻出主意。

只見司機先生滿身大汗，氣得跺腳，直呼：「完了，引擎皮帶燒斷了，又沒有帶備用的皮帶——」

「快下車！以免危險！」有人提醒大家，我頓時腦海中浮現出前些日子臺北高速公路上一輛轎車被大貨車追撞起火，轎車內五名乘客無法逃脫，慘遭燒死的景象，事後獲知我任教的學校裡一位老師的姐姐即在五名不幸罹難者之中。

於是衆人在充滿焦味的巴士中心慌意亂地尋找自己的旅行袋、水壺、草帽、陽傘以及大包小包的禮物、紀念品，霎時裡彷彿世界末日來臨，恨不得多長幾雙手臂出來幫忙才好。

「旅途的意外竟眞讓我們碰上了？上帝，求祢保佑我們！」我雖力持鎮定，仍然和外子跌跌撞撞地隨衆人下了車，當時情況，好不狼狽。

車外，大漠的狂風幾乎快把人整個捲走似的，草帽若不緊繫在頸項上，必定被風颳跑了，砂礫吹得人睜不開眼睛，身上的行囊似乎太多太重，教人寸步難行。

「有車了！有車了！」終於攔到一輛小型巴士願意載我們去吐魯番車站。

「師傅！（大陸人民對司機先生的敬稱）我們先走了！」高小姐說。

「我對不起大家，你們快上車吧！」師傅留下來與他的車子繼續搏鬥。

「再見，師傅！」想不到剛才臨別依依的盛會竟戲劇性地演變到這樣悲慘尷尬的地步。

小巴士原本僅容十人左右搭乘，瞧！現在竟有十七個大人，於是坐的、蹲的、抱的，無論採用什麼方式都塞不進多餘的兩三人。當時緊張、忙亂、狼狽之景象若有人拍攝下來，或許可獲得最佳攝影獎呢！

正在不知所措的當兒，忽然有人宣布：「好消息！大家快下車，我們攔到一輛大卡車啦！」於是悲慘恐怖的劇情又急轉彎變成喜劇了。

爬上高大的大卡車並非易事（沒有扶梯），有人腳踏大車輪，手攀車欄，一躍而上，眞像西部片中的牛仔——身手乾淨俐落，矯捷無比——有人如我，像隻大笨牛似的，上面有兩人拉，下面還得兩三人推，才上得去的。

晚上快九點時，一行人才在毫無掩蔽的大卡車上坐定，像一群浩劫後的難民似的，驚魂未定地繼續往吐魯番火車站前行。

「新疆之旅」想不到在美好的七天之後，畫上了一個巨大無比的「驚」嘆號，永永遠遠留在遙遠的夢裡。

（原載中央日報一九九二、十一、五）

敦煌駝鈴

莫高窟

七月三十一日下午，我們參觀了舉世聞名的敦煌莫高窟。莫高窟位於敦煌縣城東南二十五公里的三危山與鳴沙山之間的斷崖上。山勢不高，卻有一大片樹木保護著。莫高窟坐西朝東，面對三危山，牌坊上題著「三危攬勝」四個大字，氣勢雄渾非凡。石窟前的廣場沙塵飛揚，除了賣紀念品的商店、收費管理站外，只有兩座白色的「飛天」雕塑，寂靜地點綴著亙古以來的荒漠景象。

遊人甚少，我們一團人沿著洞窟前的棧道行走，莫高窟斷崖上的細沙隨風陣陣刮下來，淋得我們全身都是，當地人稱之爲「沙浴」。我們兩小時內參觀了十個洞窟，進進出出之間，也淋了好幾次沙浴，人也幾乎變成「沙人」了！

敦煌莫高窟創建於前秦建元二年（西元三六六年），是一位名叫樂僔的和尚首先開鑿的，從此佛教文化在這裡興盛千餘年之久，歷代都有和尚或有錢的供養人繼續開鑿石窟，雕塑佛像，繪製壁畫，雖歷經長期的自然和人爲的雙重破壞，至今仍然保留了十六國、北魏、西魏、北周、隋、唐、五代、宋、西夏、元各朝代的洞窟四九二個，其中的壁畫有四、五萬多平方公尺，彩塑二四〇〇餘座，以及唐、宋木造建築五座，是世界上現在規模最大、保存最完整的佛教藝術寶庫。

從編號十七的著名「藏經洞」中出土的我國古代社會文書、經卷、幡畫、刺繡等，是研究這一千多年間的社會習俗、歷史、文學、藝術、宗教的重要文獻資料，也是一度引起國際間考古學者、歷史學者、藝術收藏者的一場爭奪戰的瑰寶。如今這批國寶已流散於英、法、美、日、俄各國的博物館中，浩劫後殘餘的經卷則留存我國，實在令人扼腕痛惜。

雖然如此，我們仍在編號〇九六、一三〇、一五八、三二八、三二九等洞窟中見識到我國的彩塑藝術與宗教繪畫之精華例。又由壁畫中觀賞到最美的唐代藝術作品，例如人物服飾、生活形態、樂工與樂器、歌舞場面、建築藝術、彩繪山水等富麗堂皇的眞實面貌。壁畫雖有部分褪色，但是高超的技巧、嚴謹的佈局、寫實的造形，都是出之於第一流藝術家之彩筆。

壁畫的內容包括故事畫、經變畫、史跡畫等，技巧上以中國民族繪畫手法爲主，並且吸收古印度、古希臘、伊朗繪畫之所長，融多種表現手法爲一爐，使西域佛教藝術達到高度完美的表現。

莫高窟四周均屬沙漠地形，唯有多種林木，才能長保此一名勝古跡，我們環視洞窟前人們刻意栽種的白楊樹和蘋果、梨、核桃等果樹時，不覺欽佩這些植物在黃沙漫天的惡劣地質與氣候中，尚能結出纍纍果實，植物猶且如此堅忍不拔，何況我們人類呢？這或許是沙漠斷崖中能產生敦煌藝術作品的原因吧！

鳴沙山與月牙泉

沙漠的黃昏姍姍來遲，晚上八點鐘天色尚未暗，趁著白晝的酷熱減退之際，我們的旅行團便出發前往敦煌縣城南的鳴沙山與月牙泉一遊。

鳴沙山既無山石爲骨，又無泥土爲膚，全由細沙堆積而成，東西長達四十公里，最高峰二五〇公尺。山形奇特壯麗，有作陡峭的金字塔形，能使埃及金字塔相形見絀；有作柔美的弧形，能使全世界的山嶺爲它的溫柔姿容所感動。鳴沙山之美在積沙成山、在柔若無骨、在瞬息萬變（隨風而變化形體）。沙粒據說有五種顏色：紅、黃、白、綠、黑，混合而成，在陽光下閃爍發光。但我們到達時，已近黃昏，沙粒在夕陽下染成一片金黃色，美得令人目眩神迷，因此也忘了仔細去觀察這奇異的五彩沙了。

登上鳴沙山峰頂，如果有一群人一齊向下滑，沙子隨人體往下流，會發出隆隆的響聲，鳴沙山因此而得名。據史書記載，在晴朗的天氣裡，鳴沙山還會發出管弦之音，成爲敦煌八景之一——「沙嶺晴鳴」。

鳴沙山更奇的是，在群峰環抱中，還有一彎狀如新月的池水，池水由沙磧中天然湧出的泉水形成。水色清碧如翡翠，素有「天下第一泉」之稱。唐代元和郡縣志中說：「鳴沙山有一泉水，名曰沙井，綿歷古今，沙塡不滿，水極甘美！」可見其歷史悠久。

爲了走進鳴沙山群峰間欣賞月牙泉奇景，山的入口處有成群的駱駝在排隊等候遊客，每人二十元便可享受騎駱駝在沙漠中行走的滋味。我們全團十四人都迫不及待地要騎駱駝。只見駱駝排成一列，溫馴地跪在沙中聽候主人的安排，遊客可一人騎一匹，也可雙人共乘，反正每人二十元，按人數計算。我與外子共乘一匹駱駝，他在前，我在後，猶如二十幾年前他用自行車、摩托車載我的情景；只是，此刻更有趣味，我們居然在甘肅省敦煌縣的鳴沙山共騎一匹駱駝，眞是少年夫妻時代夢想不到的事！

大家都坐穩了之後，駱駝的主人便拍拍駱駝，大喝一聲，駱駝逐一乖乖地站起來，一匹跟著一匹走，原來十幾頭駱駝都以繩索匹匹相連，最前面的一匹由主人牽著走，此外，不需任何人手，一列「沙漠之舟」便行駛起來。每匹駱駝脖子下繫掛著一串鈴鐺，走起路來叮噹作響，煞是好聽，正是如詩如夢的感覺。

騎在駱駝背上既興奮又緊張，環顧山坳四周，許多遊客都慢慢登上山峰，雙腳陷入沙中，一步一步吃力地走。放眼遠眺，一群人在鳴沙山的稜線上走著，金色的山嶺，背景是藍色的天空。人們愈爬愈高，身形也愈來愈小，狀如螻蟻，卻清晰鮮麗，眞是畢生所見最奇特之景觀。人們走到峰頂，便坐在沙中向下滑著，享受那鳴沙山的樂趣。我們時間有限，導遊又唯恐大家走散了，不易集合，因此不准我們去嘗試，但是騎騎駱駝欣賞奇景也算不虛此行了！

不久，眼前出現一彎碧綠如新月的池水，在金色的山谷間，美得像夜晚天空中的新月一樣，假如天上的新月有知，也會對鳴沙山中地上的一彎新月嫉妒不已吧？

將要離開鳴沙山時，大家都被出口處的小攤子迷住了，五花八門的手工藝品令人看得眼花撩亂，我忍不住地買了三個布製的玩具駱駝和一只駝鈴。團友們回到巴士上時，彼此相顧，不禁大笑，原來都不約而同地買了各式各樣的駝鈴，車子啓動，滿車都是叮噹的鈴聲，好不熱鬧！

歸來半月有餘，我仍不時地提著駝鈴在屋裡來回地走，搖晃幾下，靜聽那清脆迷人的叮噹之聲，藉以證實敦煌之遊並不是夢！

（原載中華日報一九九二、十二、三）

美麗的桑科草原

八月四日，天朗氣清，我們的旅行團一大早便從蘭州市出發，前往位於甘肅省南部的「甘南自治州」，在那兒參觀中國大陸六大佛教寺院之一的拉卜楞寺。

從蘭州坐汽車到拉卜楞寺，行程是二八〇公里，我們一共走了八個小時。車行兩小時後，我們初見洮河，渾濁的黃泥漿水，汩汩地流動著，直到劉家峽注入黃河。這兒便是臨洮縣，路旁商店有纍纍的大蒜，編成一串串地風乾出售，蔚爲奇觀。十一點鐘，過一小鎮，回民的「呼喚塔」出現了，「穆斯林餐廳」也愈來愈多了。中午十二點我們抵達寧夏首府自治區寧夏市用餐，這裡現在劃歸爲甘肅省。街上的回民們，男的戴白帽，女的披著綠、黑、白三種顏色不同的頭巾，用以區分少女、已婚婦女和老太太三種不同身分的女性。服飾上已有異於中原漢族了。

滾滾夏河

一條滾動著渾濁黃水的河流出現了，它的流速驚人，洋溢著巨大的生命力，是我畢生第一次見到的最洶湧澎湃的河流。從此刻開始，我心中一直唱著「滾滾夏河」之歌——一首無言的禮讚！

夏河沿著山谷，蜿蜒曲折地流著，萬馬奔騰的水勢，煞是壯觀。此段公路異常顛簸，最遠可通四川。我們坐在巴士裡，雖然備嘗辛苦，但窗外的山景、夯土打造的民宅、造型互異的草垛，都十分吸引人。下午三點二十分以後，風景愈來愈美，良田沃野遍佈於群山之間，藍天白雲，綺麗無比，這兒已近乎「零」污染地區，導遊宣佈說我們已來到三千兩百公尺高的青康藏高原地區——夏河縣，此縣百分之七十的人口是藏民。著名的「拉卜楞寺」屬黃教政治中心，有喇嘛三千人住在佔地一二三四畝的寺廟裡，寺廟屋頂鍍著黃金，是全中國第一大喇嘛寺院。

我是一個基督徒，對於寺廟沒什麼興趣，然而欣賞著滾滾夏河沿岸風光，卻是興奮得不曾闔眼，夏河的活潑令人著迷，四個半小時以來，我始終或遠或近的望得見它。

終於巴士停在「拉卜楞寺賓館」的大庭院裡，滿院的奇異花朵，有鮮紅、粉紅、紫、白、金黃等色，在碧澄澄的天空裡，淡金色的陽光下，美得令人目眩神迷，當地的導遊告訴我們：「這是罌粟花！」原來是植物界的蛇蠍美人呢！久聞芳名，今日始見，那野草一般的暢旺莖葉，那花瓣兒輕靈活潑地在微風中搖曳著妖媚的舞姿，那黃色花心孕育著的淡綠色有毒的果實，美得讓人震懾，也美得令人心醉！

賓館的建築是藏族形式，磚紅色與白色相間，兩層樓，屋宇寬敞，庭院錯落，花圃極多。

登上二〇六房間——我們臨時的「高原之家」，竟赫然發現滾滾夏河就在窗外流過！這是多麼奇妙的事，這條陪伴我們走了四個多小時的夏河，尚依依戀戀地在窗外呼嘯著、奔騰著。我自幼嚮往住在河岸邊，一個有樹、有水、有良田沃野的地方，卻始終未曾實現過這一願望；想不到如今在三千兩百公尺高的桑科草原上，憑軒眺望，一條高原之河，竟不可思議的從眼前流過，挾著永無止息的流水，嘩啦嘩啦地喧騰著，夏河的怒吼似乎代表著宇宙間的一份力量，如太陽的光熱、雨露的滋潤、山嶺的雄奇、原野的溫柔，它們的形象互異，但卻各具相同的生命活力！

草原風光

放下行李，我們輕輕鬆鬆地前往桑科草原去。一路上只見：碧雲天，黃花地，青山秀，夏河滾滾；山羊、綿羊成群地漫佈在山上或草地上啃噬嫩草；黑鷹在天空驕傲地滑翔，白雲在天空作出千姿百態的變化。這兒屬藏族遊牧區，每年夏天有「浪山節」，人們喜歡流浪到山上去搭帳篷住五天至七天，我們在旅途中就曾見過此一奇景。

片刻之間，車子已駛抵桑科草原。這一大片青草地比天山南麓的南山牧場要大無數倍。我不愛遠處金光閃閃的拉卜楞寺，卻深深愛上這片碧綠如茵，毫無污染的桑科草原。

由於拉卜楞寺八月六日要做法會，而最近大陸又全面迎接一九九二年觀光年，藉以提高「絲路之旅」的知名度，因此，我們看見桑科草原上臨時搭建了許多藏族式樣的帳篷。賓館的接待員請我們到帳篷裡休息，接著我們意外地享受了一頓藏族風味餐。

這頓風味餐包括又甜又香的蕨蔴米飯、可怕的酸奶、香嫩不油膩的手抓羊肉以及味如花生糕般的糌粑——一種用炒熱的青稞粉、酥油、白糖做成的手揑糕點，是藏民們的主食。還有與「藏胞」同音的「藏包」——以羊肉餡做成的小籠包子。再配以蓋碗茶，茶中放的是茶葉、冰糖、桂圓乾、杏仁乾等佐料，喝起來又甜又香，愈泡愈夠味兒。此處地勢高，日夜溫差大（夏季白天攝氏十八至二十度，夜晚卻變成十度左右的寒冬），所以吃的都是高熱量食物。

高原上有藏民們在唱歌跳舞，我們幾人卻對藏族婦女的衣服很著迷，寬大的衣袖、曳地的長裙，外加腰帶，一時之間不知如何穿法，經過大家互相揣摩，才穿上衣裳。有些人還騎在馬上留影紀念。大家都返老還童，快樂得手舞足蹈，唯有在大自然的懷抱中，人才能尋回眞實的自己。

草原之上，天氣變化無常，出門時晴空萬里，陽光普照，回來時卻天昏地暗，狂風大作。公路前驀地出現一群黑黝黝的東西，導遊說：「大家快看，犛牛來了！」我們紛紛下車去觀賞犛牛，犛牛反倒被我們嚇住了，慌慌張張的讓出公路，於是又沿著夏河水濱往桑科草原走去。這一群犛牛至少有二、三十頭，全身長滿黑褐色長毛，大約是爲了適應這裡的高寒氣候而天然生長的吧？

須臾之間，閃電雷雨交加，我們回到賓館，仍依依不捨地在門前佇立觀雨。

草原的清晨

翌日，雨過天晴，陽光亮麗卻不灼熱。我們在庭院左側又發現了另一片罌粟花圃，在清芬的空氣裡，我們分享了花兒們的幸福。又沿著夏河漫步，注視急急奔流的河水，在昨天初見時曾有陣陣頭暈的感覺，今天竟好多了。走過橫越夏河的小橋（夏河在此處不寬），早已看見李國禎主任在替江國貞教授拍照片了，他們兩「國」邦交之好是有目共睹的，伍慕燦教授也在田野間悠閒地散步。我與外子被那遠處的青山翠谷、草原和眼前的青稞田所構成的巨幅美景所吸引，回首遙望紅白相間的「拉卜楞寺賓館」正與夏河相依相偎，又是一幅繪畫的上好素材！

站在青稞田裡享受著從桑科草原那邊吹來的涼風，忽然發覺眼前的山脈之所以特別靈秀，原來是山容俊美，山上沒有一株樹木，卻全長滿青草，不露一丁點兒泥土在外之故。這種山脈與我們在新疆、甘肅一帶沙漠中所見的紅色砂岩山脈，寸草不生的景象迥異，又與天山山脈長滿天山松，高聳入雲的景象亦不相同。原來桑科草原的山脈與大地都是一體的，它們都披上一件薄薄的青衫，或深或淺的綠，佈滿了山崗原野，配以寶藍的天空，銀色的雲翼，青青黃黃的青稞田、燕麥田，以及開滿小黃花的芥末田；遠處還有我們剛才拜訪過的青稞磨坊與老人，只見魏大正老師和劉國俸老師正好奇地趕去參觀……

一行人分散在田隴上、磨坊前、小橋畔，驚喜地飽覽著——這個深藏在青康藏高原中的香格里拉世界！

（原載青年日報一九九二、九、二四）

(三)山水之旅

仙海幻境九寨溝

九寨溝的正確位置是在四川省西北南坪縣，海拔兩千多公尺的岷山山脈南段、長江水系嘉陵江源頭約七二〇平方公里面積的丘壑之間。那兒有一一四個大小湖泊，湖泊之間有十七個瀑布群、十一段激流和五處鈣化泉灘。它是個集湖泊、瀑布、淺灘、激流、雪峰、森林於一體的最原始、最具夢幻魅力的綺麗世界。

如果要欣賞上帝創造「水之美」的最高境界，那麼務必到九寨溝一遊；如果要珍惜生命的安全，就千萬別走這一趟來回共五天，行程一千多公里，盤旋於千山一水間的「蜀道」了。因爲李白的詩句：「蜀道之難，難于上青天，使人聽此凋朱顏。」是經過我們親身體驗過的。

七月二十五日，我們從臺北出發，搭機飛香港，再轉機往成都，就已費時八個多小時，抵達成都機場一小時後，立即搭乘小型旅行車，一行十六人，開始在四川省西北山區繞著數不清的峥嶸崔嵬的大山盤旋，而岷江渾濁的怒濤從山區直奔而下，嘩啦啦地從山路旁咆哮而過。我們沿岷江逆流而上，岷江長逾一千公里，從成都到九寨溝往返五天，這條江便像凶神惡煞似的，始終未曾遠離我們的視線。

山高水深、路途曲折迴環，原始的公路百分之八十未鋪柏油，處處留下幾天前下雨坍方後的泥沙與石塊，有的成堆狀如小丘，有的一石擋道萬夫莫敵。尚有崩塌的路基，像被巨獸剛啃噬一大塊似的，剩下搖搖欲墜的路面，半懸於山腰，狀極恐怖。因此，我們時而下車步行，時而全體擠坐車中一側，以減輕車子與路面所造成的高度危險壓力。遙望岷江彼岸，從許多山頂流下一條條狀如河流之泥痕，直通岷江，這痕跡寸草不生，正是大雨沖刷山石，泥砂巨石直瀉江底的明證。

比我們早去一週的朋友，剛好在大雨之後，他們曾下車八次，腳陷污泥中，大家動手搬運擋道的石塊以利車子通行；比我們晚去一週的朋友，親眼目睹落石狂瀉的險象，他們的車子距落石區不過十公尺左右。而我們除了遭遇兩次塞車和飽受驚嚇刺激外，尚稱一路平安，已屬大幸。

走在塵土飛揚、險象環生的蜀道上，最能體會李白「蜀道難」中的：「上有六龍回日之高標，下有衝波逆折之回川。黃鶴之飛尙不得過，猿猱欲度愁攀援」的詩句，句句眞景實況，毫不虛言。

這樣的路程一共走兩天半（回程又是兩天半），第一夜住在汶川縣，第二夜住古城松潘。荒山中住著少數民族——羌族。他們將這山不明、水不秀的環境點綴上稀稀落落的村寨，就地取材，以石砌屋，以吊橋橫越群山之間怒吼而過的岷江。山坡、路旁栽種著羌族賴以爲生的蘋果、核桃、水蜜桃、花椒、玉黍蜀、裸麥、馬鈴薯等農作物。途經茂縣休息和午餐，此地盛產蘋果聞名全國，蘋果又紅又小，果肉雪白，質鬆而香甜。古城松潘，高度在兩千八百公尺以上，空氣稀薄而缺氧，好幾位團員感到頭痛、頭暈，而我與另兩位團友竟至病倒，因此抵達九寨溝之前的第一個風景區——黃龍（五彩水池，層疊而下，狀如梯田），竟無緣欣賞。

第三天傍晚始抵九寨溝，那時大家累得似乎只有「世上只有睡覺好！」一個心願了。翌日醒來，只覺空氣異常清新，鳥鳴啁啾，我的病情霍然而癒。我們開始跟隨導遊作了一次夢幻之旅，歸來十餘日，猶疑九寨溝漫遊是一個美麗的夢境，一個人間不可能存在的仙幻世界！

九寨溝的湖泊，當地藏胞稱之爲「海子」，意即大海的孩子。著名的海子有蘆葦海、火花海、臥龍海、樹正群海、犀牛海、鏡海、五花海、熊貓海、季節海、五彩池、長海等。

蘆葦海長著一大片、一大片整齊的蘆葦，一條蜿蜒曲折的細流，平靜柔美地穿過其間，那份寧靜之美令人不禁屏息讚嘆。更奇異的是水色之藍，如絲綢、如錦緞、光滑細膩，柔和如夢，彷彿是某位仙女跳舞時，無意間遺落一絲彩帶於整齊細密的蘆葦間。從路上遠眺，芳草萋萋、水色亮麗，使人不禁遐想：此水從何處來？又往何處去？其幽邃與神秘、可望不可及之感，教人覺得迷離而虛幻。

火花海的水色碧綠如翡翠，清澈如水晶，當微風輕拂時，波光閃爍如點點火花，堪稱一大奇景。臥龍海的水色既綠又藍，許多湖邊枯木，不知何年何月何日倒下，就沉埋進碧藍的湖底，行經湖濱，可以欣賞枯木主幹與枝椏形成的一種魔幻美，恍如童話故事中所描述的海底世界或魔幻恐怖的迷宮；枯木不死，變成精怪，正朝著你張牙舞爪，頻頻呼喚著你：「快走過來！快走過來！」

有幾株沉入湖中的枯樹，竟從另一端奇蹟般地長出一株新樹，或長出一叢野花野草。那株樹蒼翠欲滴地挺立在碧澄澄的湖心，宛如出水芙蓉，嬌姿百媚，令人讚嘆！另一株枯樹也沉入湖心，一叢低矮的野花草長得茂密可愛，遠望過去竟像一條鱷魚似的半浮水面，張開巨口，向對岸游去，靈動異常，導遊先生介紹說這些都是九寨溝奇觀，名之爲「水中盆景」。在這裡，我們看到了生命的奇蹟——枯木有了陽光、空氣和水份竟可以復活！

樹正群海是一行行濃密的水中樹，將湛藍的湖泊分割成狹幅的海子，翠碧的樹與湛藍的水相偎相依，彷彿亙古不變。鏡海之美，猶如其名，波平如鏡，澄澈透明，湖畔的山樹雲嵐，湖上的藍天白雲，無不倒映其中，望之眞假難分、虛實難辨；歸來沖洗後的照片，更讓人顚來倒去，無法分辨那是眞景？那是水中倒影？此景宜秋日前來觀賞，滿山楓紅，層層疊疊，倒影之鮮麗早已凌駕於實景之上了。

五彩池漾著深淺不同的藍，閃動著全世界最耀眼的璀璨光芒，那耀眼的璀璨，遠勝過藍寶石和藍水晶，到了這裡，你會發現這些最耀眼的湖泊，藏之於深山幽谷中，它們似乎在歷史文獻、文章詩詞中無跡可尋，其實它們是中華民族最值得炫耀的山中之寶，也是造物主珍藏在原始深山中億萬年以上的一大堆寶石。以前我常以爲上帝偏愛歐洲，賜給他們最好的自然環境，自從親眼看到九寨溝的「海子」以後，我開始覺得上帝是很公平的，因此祂在窮山惡水中珍藏著祂最美麗的巨型瑰寶。如果中國大陸珍惜這份恩典，力防文明污染，好好發展觀光事業，我想僅憑九寨溝的天然魅力，就會媲美瑞士，吸引全世界愛好山水的遊客來此一覽「水之美」的絕世風采。

水上浮橋是九寨溝最奇特的設計，它是在水中釘入木樁，上架長木條，木條上橫鋪著一公尺餘寬的木板，構成了蜿蜒曲折，縱橫交錯，如詩如畫的水上棧道。這種浮橋往往鋪設在激湍之側，淺灘之上，前者水流甚急，水花飛濺，煙嵐迷離，水聲猶如琴聲之悅耳；後者水勢潺緩，水聲溫柔如呢喃，野花、野樹漫生灘間，優雅如仲夏夜之夢。

順著迂迴曲折的水上浮橋，你可以輕易地從湖上走進灘流與瀑布群中去欣賞美景，你可以觀察無數種美麗的樹木，生長在激流或淺流之間。樹從水中生，水在樹間流，它們的千姿百態，構成一個你從未夢想過的美麗夢境，因爲它們的美早已超出人類想像力之極限。這些是世間最幸福的樹，因爲它們生長在世界最美麗的水中。我們是一群愛山愛水的闖入者，很幸運地能與上帝分享祂創造天地時那份最原始的驚喜與榮耀。

走累了，還可在水中涼亭坐一會兒，歇歇腳，或脫下鞋襪將雙足浸入沁涼的水中。涼亭頂上往往長滿芳草，遠望過去，如同一頂毛絨絨的帽子，新奇而有趣。

九寨溝的樹正瀑布，諾日朗瀑布、珍珠灘瀑布，或寬廣如巨型窗帘，或高懸如「疑是天上來」。其聲如萬馬奔騰，其勢則雄渾壯偉，如果以一首偉大的交響曲來形容九寨溝的湖泊、急湍、淺灘、山泉、山樹、蒼鷹、鳥雀、人類等的各種不同音響，那麼九寨溝的飛瀑十足像這首交響樂的最後樂章，激昂慷慨、聲震千山萬壑間，也永遠震撼著遊客的心靈深處。

（原載中央日報一九九三、九、十）

武陵源探幽取勝

武陵源探源

自陶淵明「桃花源記」一文問世後，那位武陵漁翁便已名滿天下。事實上他可說是陶淵明的化身，而桃花源更是陶淵明心中的理想世界。從此，武陵源與桃花源兩個名詞似乎混合爲一，人們在難以分辨的情形下，也就常以爲武陵源便是桃花源。經過這次旅行，我發現武陵源是確有其地的，而桃花源則永遠是中國文人心目中的夢土而已。

中國地圖上有一片武陵山脈，位於貴州、湖南、湖北三省邊境，由數十條北東至南西走向的山脈構成。據嘉慶一統志記載，秦昭襄王三十年攻取楚巫黔及江南地，設置黔中郡，至漢高祖割黔中故治爲「武陵郡」，這是武陵地名之源起，由此可見武陵一名自西漢迄今已兩千多年。

一九八五年，中國大陸正式將武陵山區中風景最奇特的張家界、天子山、索溪峪一帶開發爲新旅遊區，總稱之爲「武陵源」。此區位於湖南省西部，距省會長沙三八三公里，東與慈利縣交界，南與大庸市永定區接壤，西北與桑植縣毗連，整個風景區方圓三六九平方公里。

一九九二年十二月，聯合國教科文組織保護世界文化自然遺產委員會，已將武陵源風景名勝區列入世界遺產名錄之中，證明此區有世界性的價值，爲了全人類所共同擁有的大自然美景，應對其特別加以保護。

湘西田園風光

八月一日，我們由成都搭機飛長沙，長沙之酷熱，眞讓我們體驗到爲何該市列入「中國四大火爐」之一的原因了。過長沙未曾休息，即乘旅行車往武陵源駛去，途中經湘、資、沅三條著名的長江支流，那寬廣的江水與歷史書中的名詞交織成一片迷迷濛濛的湘西印象。當晚住常德的「桃林飯店」，這兒距明代建築的一座「桃花源」不遠，等我們遊罷武陵源，回程渡沅江再去專訪它。

次晨，又乘坐破舊的老爺車趕路。由於前一陣子澧江氾濫成災，導遊說如果車子開不過洪水區，就只好折返常德，武陵源區的張家界、天子山、索溪峪風光無緣一見。車過澧江，果然一片汪洋，農田不見了，房舍大半浸泡於洪水中，居民浮舟來往，令人悲憫同情不已。

由於公路路基較高，水位已退至可以行駛汽車的程度，我們的小旅行車在「水路」中走走停停，數度拋錨，好不容易越過洪水區才十餘公尺，它就再也發不動了。修車期間，大夥兒走進一家農舍觀光，一位慈祥的老太太搬出家中所有的大小椅凳請我們坐著休息。此時湘西的農舍、喬木、曬穀場、瓜棚、菜園與稻田都顯得十分熟悉，原來和南台灣的景致極爲相似，唯一具湘西特色的要算那一大片一大片廣闊無邊的美麗荷田了。

從未見過這麼視野遼闊的荷田，一望無際的翠綠荷葉，像波浪般地隨風蕩漾，千萬朵粉紅的荷花，由近及遠，在碧波中翩翩起舞。微風過處，我似乎聞到陣陣荷香。這一天中午，我們在路旁小飯店初嘗最鮮嫩的湘西蓮藕，眼前即是廣闊的荷田，那份情懷眞是難以形容的美妙！

初見武陵源

八月二日黃昏時分，車抵武陵源山區的「專家村賓館」，這家賓館以前的確住過許多探測武陵源山區原始森林的學者專家們，因此得名。旅館坐落在唯一的大街路旁，門前一條極爲寬闊的大河，即是索溪。索溪之上的長橋可行駛大型車輛，我尤其迷戀那些美麗的橋洞。前一陣子的大洪水曾在索溪氾濫，馬路有一段被水沖陷的痕跡，工人們正在趕工修補。

索溪對岸聳立著一排排重巖疊障，細細密密地狀如鋸齒，如尖筍，拔地而起，雄偉而突兀；山色由青綠、濃綠，至灰藍、銀灰，重疊染色，妙不可言。山形與山色構成一種令人驚嘆、震懾的力量；此時，古人所說的「造化神奇」、「鬼斧神工」等形容詞，不知不覺地就湧現腦際了。這便是武陵源與索溪所構成的絕美畫面，只要臨溪而坐，仔細欣賞對岸的千巖競秀場面，即已不虛此行矣！

天子山，我敬畏你！

我們遊覽武陵源第一個景區——天子山竟花費一天八小時的功夫。早晨在登山入口，當導遊告訴我們這一天的行程必須爬六千八百個台階時，我差點沒昏倒，一向不擅爬山，又怕暑熱的我，偏偏在連趕六百公里的長途旅程後，又得爬山，又得猛曬驕陽。因此，在天子山的第一個台階前，我的信心即已崩潰，不禁打從心底吶喊：「天子山，我敬畏你！」

初登天子山，即已感到此山具有一種威猛傲岸的氣勢，絕非尋常山脈所可比擬，加以台階甚陡，攀爬辛苦；累得人只顧攀登而容易忽略美景。其實此山乃是一步一景，必須仔細觀賞，所有的山岩猶如漫山的高大石筍，長得瘦骨嶙峋，神呼鬼立似的，教人又驚又怕。既怕之偏又愛看之，自有生以來，從未被山石如此震慄過！

天子山之山石勝景如：「南天門」之壯麗、「御筆峰」之神奇、「駱駝峰」之趣味、「點將台」之氣魄、「將軍岩」之威武、「天兵聚會」之雄姿、「仙女獻花」之嫵媚、「仙人橋」之凌空跨越，都各具其風格與磅礡之氣勢。而最壯觀之景色，必登至峰頂，從天子山主峰向下看「千峰競秀」的場面：那是在兩座大山的峭壁之間所形成的天塹地形，從百丈深壑中長出數以千計的尖峭高聳的岩柱來，遠望過去，靜如山谷深壑中突生之石林，動如千軍萬馬朝你奔騰而來；雄奇的氣勢又如刀槍劍戟森立刺天，你縱然早已修鍊就了一顆如陶淵明、王維般的淡泊心境，到了這裡，也不免心驚膽戰，嘖嘖稱奇一番！如果說戲劇是人生的舞台，那麼，我要說從天子山山頂所見的奇景應算是全世界的大自然舞台了。

張家界風光

張家界與天子山一樣，同屬砂岩峰林地貌，具有「原始風光自然美」的特色，絕不是用「山清水秀」等普通形容詞所能形容的。當這些厚達五百餘公尺的石英砂岩從億萬年前自海底浮起後，早已變成一群拔地而起，昂然挺立，直聳雲霄的奇山怪石，如人如獸、如刀如劍、如鷹如鞭了。

有關張家界名稱的來源，說法多端，我寧可採信漢高祖時，劉侯張良效法春秋戰國時越國范蠡隱匿江湖的辦法，攜帶張氏子孫，來到大庸，先到天門山，後到青岩山（即今黃獅寨一帶）定居下來，故取該地地名爲「張家界」。

張家界的景區很多，包括必須攀登三千八百級台階的陡峭山區「黃獅寨」（又名黃石寨），具有秦始皇揮鞭趕山塡海神話故事的「金鞭岩」（一座高達三百二十公尺的直立岩石），岩下深藏著的風景幽絕的「金鞭溪」。此外，山頂上還有「寶峰湖」可乘船泛舟遨遊天際；山腹裡懷藏著一條長達二十八公里的「黃龍洞」，可欣賞鐘乳岩與石筍，尙可泛舟行駛，猶如在巨龍腹中划行，作一次危險之旅。

由於人們一再說：「不到黃獅寨，枉到張家界」，因此，縱然再累，也得跟團登此奇山一遊。我和童年好友嚴信妹決定這趟徒峭的山路必須坐轎子了，原來不忍心讓人抬著上山的，但導遊悄悄的開導我們：「你們不坐轎子，他們就沒飯吃啦！」再看看三天來轎夫們爭相拉客、遊說的場面，想想也的確有道理，便坐上轎子，信妹高興地說：「我們結婚時沒坐過花轎，這下子可以彌補一番啦！」其他的太太小姐們也紛紛坐上轎子，外子張震與同事江國貞教授、李淑淑老師等都是登山健兒，一群人以最快速度直奔黃獅寨山頂。

登寶峰湖上下山路間，是土家族四、五歲到十餘歲小女孩唱山歌的特區，她們穿紅著綠，一首接一首地賣力的唱著，贏得我們的掌聲與賞金，口袋中的零錢不一會兒都散光了。天子山與黃獅寨沿途有「點歌台」，美麗的土家族少女可爲遊客歌唱，歌詞寫在看板上，邊聽邊看，可以深入了解土家族的情感世界。最難忘的歌聲是一位擺攤子的少婦唱的，她的即興演唱，音色嘹亮，珠圓玉潤，響徹雲霄，聽得我們如醉如癡，眞難以相信在原始深山中竟有如此動人的美音。我們的導遊蘇先生報以獨門絕技——公雞啼（口技），也贏得土家族的攤販們熱烈的掌聲。

金鞭溪因有三百二十公尺高如艾菲爾鐵塔的金鞭岩而得名，溪長五五四〇公尺，沿溪漫步三個半小時，風景原始而幽絕。小徑沿溪而設，一路上可欣賞溪邊的杉木、楠木、紫草、野花；聆聽溪水聲、泉聲、鳥語、蟬鳴。溪床是暗紅色的砂岩，溪水碧綠，流經其間，潺湲潔澈，澗水溜玉，眞是美如仙境。抬頭仰視，更可欣賞到著名的「夫妻岩」——一雙山峰長得活像一對夫妻臉，有眉眼、有鼻口、甚至還有笑容。此外，「天書寶匣」、「霧海神龜」劈山救母」、「千里相會」等巨岩也都愈看愈神奇，愈看愈令人讚嘆！

那一天下午，遊客奇少，整條金鞭溪似乎完全屬於我們十幾個人，一行人輕捷的足音似乎與山谷中的溪聲、泉聲、風聲、鳥獸聲交織成一曲永恆的樂章……

（原載青年日報一九九三、十、十四）

天才導遊

曾讀過李白的「蜀道難」詩句：「蜀道之難，難于上青天，使人聽此凋朱顏！」也曾讀過馬致遠的散曲「四塊玉」替唐明皇慨嘆：「不因這玉環，引起那祿山，怎知蜀道難？」但當我決定去九寨溝一遊時，卻早已將古人詩句置諸腦後了。

從台北出發，抵達四川省著名的自然風景區九寨溝，行程共需三天。下了飛機改搭小型旅行車，從成都往西北行，經過灌縣後即沿岷江逆流而上，在數不清的崇山峻嶺中盤旋山道而行，汶川、茂縣、松潘這些鮮爲人知的荒僻山城古鎮，我們都曾駐足或夜宿。全程約五百餘公里，往返超過一千公里，巔簸的碎石路，塵埃飛揚，路旁一面是隨時有坍方危險的大山，長得崢嶸崔嵬、窮兇惡極；一面臨著波濤洶湧、深不可測的滾滾岷江。山多且高、水闊且長，由於前幾天下過雨，路上處處留下坍方之痕跡，當我們眞正體驗到蜀道難的滋味時，心中不免萌生悔意，但卻早已人在江湖，身不由己了！

此時，那位身材高瘦，動作滑稽，頭戴五彩花帽的導遊蘇先生顯得愈來愈重要、愈來愈可愛了。他從中正機場就開始教我們認清楚他的帽子，跟著這頂別緻的帽子走。此後十四天，我們從認識這頂帽子開始，進而認識了他的心靈，他的確是一位少見的天才導遊。

進入蜀道不久，首先發現路的右側，一輛卡車翻得車輪朝天，車身半懸於空中，幸虧被一株撞斷的大樹擋住，否則墜入怒吼的岷江，再大的車子也將瞬間消失得無影無蹤。當時我們全車的人一陣驚呼！導遊先生說：「不要緊，這種鏡頭是常見的，我們的車子好，師傅好，大家請放心！」憑他到過九寨溝十九次的經驗，我們開始相信他、依賴他。他的客家國語使我們倍覺親切，他的充滿台灣口音的四川話又贏得當地司機先生（大陸稱司機爲師傅）和地陪小姐的好感與合作。

「前面坍方，路不好走，師傅請小心一點！」導遊坐在司機旁說。小車子吃力地在坍方形成的砂石堆上爬行，像隻甲蟲似的。有時「砰！」的一聲，車子底盤觸碰到了石塊，大家又是一陣驚呼，唯恐車子壞了，被困在這沒有路燈、沒有電話、沒有人煙的地方。

遇到一大片坍方、巨石纍纍、山洪仍在潺湲流瀉的地方，導遊先生請大家徒步而行，以減輕汽車重量，然後人車安然通過。這種地方往往路基崩陷，路面部分懸空，萬分危險。此時，我們全團人的生命安危，攸關著十八個家庭的幸福，似乎全操縱在導遊與司機先生的「決策」之下了。因此，每通過一處艱難的坍方處，全團便給予導遊先生的領導、司機先生的合作一陣熱烈的掌聲鼓勵。

途中一塊巨石，落在公路上，至少有幾千公斤重吧？幸虧它靠江邊站，車身小，可以緩緩擠過；據說這種巨石，必須找工人用炸藥炸碎，然後由工人一筐筐盛起，傾倒入岷江中。

岷江上游盛產木材，部分木材順水漂流至下游，再由工人揀拾；部分木材用大卡車載運，經山路運往各城市。這些超載數倍的運木材卡車是壓垮路基的另一大因素，當其從千迴百轉的山路忽地冒出，來勢洶洶，猶如電影「侏羅紀公園」裡突然跳出來的大恐龍，坐在小車中的我們唯恐閃避不及，於是又是一片驚叫：「小心！小心！」此時我們的旅行車靠山行還算幸運，若是靠江行可就更令人嚇破膽了，如果偏又相逢在S形彎道上，更是進退兩難、步步寸寸都危機四伏了。碰到這種情況，導遊以鎮定而溫和的語氣說：「請大家全部坐到左邊，擠一擠，讓右邊重量減輕一點好不好？」此時，誰敢說個「不」字？十八個人擠向一邊，同舟共濟，眞的成爲「命運共同體」了。車子彷彿側身沿岷江行駛，有如特技表演，驚險萬狀。此刻，岷江在我心中已徹底改名叫「怒江」了！（叫「惡水」也未嘗不可！）

每過一次驚險路段，我們便將剛才的緊張情緒化作重見天日般的歡呼。坐在我左邊的是外子，坐在我右邊的是四十年前我初中一年級時的老同學，也是我結婚時的伴娘，最緊張的時刻，我的雙臂把他們挽得緊緊的，大家都凝神、屏息、冒著冷汗，深深感受到生死一線間的恐懼，人與大自然搏鬥的渺小與無力感。我們爲什麼選擇這個風景區，萬里迢迢地來冒險？這些數不清的無名大山認識我們嗎？會嘲笑我們這群來自遠方的遊客嗎？李白的詩句：「上有六龍回日之高標，下有衝波逆折之回川」形容此時此境一點也不錯啊！山高蔽日，鳥飛不過；水深百丈，怒濤澎湃。岷江宛如一條巨龍張牙舞爪地望著我們，每一分、每一秒似乎都在等待牠的美食自動落入口中。李白又說：「青泥何盤盤，百步九折縈巖巒」這青泥李白走過，我們也走過；這百步九折，李白目測過，我們也目測過。大詩人早就警告我們「蜀道難」，可惜我們偏要走這一遭，怪誰呢？

第一天安然渡過，我們爲導遊評了一百分，又替他取個有趣的綽號：「達新蘇」。第二天也安然無恙，我們又爲導遊評一百分，並封他爲「九寨溝王子」。我們原來想第三天晉封他爲「九寨溝國王」的，想不到一見九寨溝的奇幻仙境，竟忘記封王之事了。

遇到車禍發生、山路泥濘塞車時，導遊先生會花錢請附近羌族同胞用拖拉機將我們的小車從泥淖裡繞道拉過，然後繼續上路。路況稍好時，他就開始爲我們唱歌、說笑話了。他的精彩演出，遠勝過美麗的地陪小姐。他學公雞叫的口技堪稱一絕，一路上團員只要聽到公雞「喔！喔！」的啼叫，便知道是集合號了。

他似乎有無窮的精力、無限的耐力、無盡的熱忱與責任感，使我們歷經三天艱辛的蜀道旅途，而卻時時保持一顆既緊張又快樂的心，確實不容易。我們團員十五人是來自台灣北、中、南三部分的，有夫妻檔、有母女檔、朋友檔和獨身貴族，原來素不相識，但三天來的互相扶持、謙讓與關懷，使我們初抵九寨溝時，已變成親密而有默契的好伙伴了。

至於九寨溝的一百一十四個「海子」（湖泊）有著多麼難以令人置信的美麗彩色，四大瀑布有著多麼壯麗的景觀，水上浮橋充滿多麼神祕的幽趣，都不在本文主題之內，本文主題是描寫一位天才導遊，如何率領我們往返一千多公里的艱辛蜀道，完成我們欣賞當今世界最美麗的水的宏願。

二、台灣篇

山中樂

從山中歸來兩天了，雖然家居生活一切依舊，但腦海中仍不時地浮現著群山的巨大綠影，重巖疊障，高與雲齊。在藍天依偎下，新中橫公路宛如一條淡青色的絲帶，在群山蒼翠的身腰上迂迴地纏繞，千迴百轉，似乎永無終了。

三天之中，雖然忍受長途跋涉之苦，但也體會到不少的山中生活樂趣。

大凍山觀日出

清晨四點半，臺北商專的旅行團一行七十餘人便出發往大凍山觀日出。高主任在前領隊，羅主任在後照顧，在黑夜裡摸索登山，十幾名兒童也興奮地跟著父母走，其中最小的娃娃才兩歲。

誰知道大凍山原始得尚未修築登山步道，因此陡斜的小路上，全是碎石、塵土和纍纍巨石，只有少數人帶來手電筒，一群人在黑暗中尾隨著幾個黯淡的小光圈登山，其舉步維艱之慘狀，直教人聯想到李白的「蜀道難」。

雖然天空中有一輪皎月和臺北罕見的星子們，但濃密的森林遮天蔽月，星光幽渺，伸手不見五指。一路上只聞人語聲：「小心！這裡有大樹橫臥擋路，別碰著頭！」

「小心！彎路，向右轉！」

「左邊是深谷，別踤下去呀！」

「前面慢一點，我們看不見路啦！」

天啊！這是什麼登山法？簡直比軍人夜行軍還難嘛！汗水不久浸透了內衣，此時，大衣、手套、圍巾、帽子都逐一脫下，手上的負擔頓時加重，原本以爲山上的氣溫或許到達零下幾度的，因此，人人都像準備到雪山探險一般的裝備。我不擅爬山，幸好外子帶著手電筒，前一天又爲我買一根堅實的「四方竹」手杖，於是衣物交給兒子，左手由外子拉拔，右手又賴「四方竹」的大力支持，終於登上了一九七〇公尺高的大凍山山頂。

空氣清新得令人讚美。天色逐漸由朦朧中透出曙光，此時忽見山頂堆積著昔日山友留下來的各種垃圾，不禁痛心不已！這正是某些臺灣遊客改不了的惡習——他們熱愛大自然，卻又污染美麗的大自然，這是多麼矛盾的心態？

等待日出前的片刻，我們與好友翠寶賢伉儷、昆槐、春蘭以及各家的兒女們，同聚一塊兒，引領東望，期待日出，回想起來，眞是生命中彌足珍貴的一刻。

日出時分，幾片厚厚的灰雲遮蔽著初昇的太陽，大家失望的心情油然而生。天色愈來愈亮了，寒風從四面的山谷拂拂吹來，冷得令人不知不覺地重又穿上大衣，圍上圍巾……眞是名副其實的「大凍山」呀！

正當我們打算下山時，驀然雲層裡綻開兩道縫隙，上面彎彎的像一道眉，下面圓圓的像一隻眼眸，從眉眼中放射出兩束強烈的銀光，直朝我們衝來，眞是神奇的光與力之結合，孩子們不禁歡呼拍手，大人們則被這奇景深深迷惑住了。

日出、日落是每天必有的景象，但身爲忙碌的現代人，一年之中有幾回刻意地去等待它，欣賞它呢？彷彿人類文明愈進步，距離大自然的腳步便愈行愈遠了。一八七四年，莫內以「日出印象」一幅畫，參加第一屆印象派畫展，受到嚴厲的批評，但他卻以一生去追求那「光」與「色彩」之變化的藝術表達法，而有了卓越的成就。想想我們一生中曾經錯過了多少日出與日落的美景？也錯過了身邊瞬間即逝的無數動人畫面！

森林中漫步

從清晨四點起床至中午十二點半，除了在山谷中享受一頓美味野餐外，七個多小時都在崖壁與陡峭的山路上吃力的攀爬，累得精疲力竭，不免心生後悔之感，這種爬山又快又急、拼命趕路，那有心情遠眺對面山谷的金色陽光？欣賞近在咫尺的千萬竿修行？或俯視腳下由無數株巨木的樹根交織盤錯而成的奇異圖案？王維詩「行到水窮處」是動態的，下一句「坐看雲起時」卻是靜態的，動靜相配得宜，方能領略山水之眞趣。

因此我們放棄了下午的攀登「天塹奇觀」，而改爲山中漫步。午睡醒來，我與外子、廷兒、好友春蘭在旅舍附近散步。此地屬於嘉義縣的竹崎鄉，小小的村莊座落於山坡上。山坡上一條迷你小街，寬僅兩、三公尺，但卻果菜、日用品一應俱全。一家小店門口放著一盆熊熊的木炭火爐、爐底壓蓋著一個鐵盤，盤內剛放進五個圓圓的綠豆沙餅，餅在下，火在上，眞是「反傳統」的烤餅怪法。我們很好奇，都說想嚐嚐這種烤餅的味道；爲節省時間，不如先散步，回來再買罷。

山坡上層層房屋，層層花謝。白梅、紅梅爭相競放；桃花、櫻花還得仔細分辨。桔樹、枇杷、芭樂樹迎風搖曳，果實纍纍。佛手瓜爬滿一家人的屋頂；扁豆架上開滿了紫紅的蝶形花兒，像千百隻蝴蝶翩翩飛舞，斯時也，方能仔細體會田園生活之樂趣。

忽逢王老師、何老師帶著孩子們迎面走來，告訴我們不要錯過前面往「蝙蝠洞」小路上的風景。我們按照她們的指引，果然找到了一大片潔美的森林：左邊是一條蜿蜒的小路，平坦易走，在夕陽下閃閃發光，正是我夢中的小路！

聽千萬竿參天翠竹在春風中細語，聽松濤、杉濤在山谷中合唱，我們且行且讚美，小路蜿蜒曲折地延伸下去，彷彿永遠走不完似的，留給我們無限的迷思與憧憬。那一段時光裡，如詩如畫的林間小徑，印下我們愉悅的足跡。杜甫「佳人」詩末兩句：「天寒翠袖薄，日暮倚修竹」大約就在這種情景下孕育出來的靈感吧？

重回小街時，忽見焙餅店裡裡外外都是我們的同事們，大約有人被這烤餅怪招所吸引，有人是聞香而來的。有人買到了，一副中大獎歡天喜地的樣子；有人則排隊苦候，或訂購。可憐的女老闆看樣子今晚要挑橙夜戰了，因爲已預購到天亮取貨了！我看一爐才烘焙五個餅，什麼時候才輪到我呢？算了，瀟灑走一回——不吃也罷！

今夜山中茶宴

今夜翠寶賢伉儷邀請我們享受山中茶宴。這家旅舍附設一間茶藝館，十幾張桌子都是由千年巨木依樹根原形橫切製成的，椅子是小樹鋸斷的天然木樁，坐在這木桌木椅間，面對的是木板牆、竹編紋飾，那種感覺猶如坐在森林之中，一種芬芳的木料味淡淡地瀰漫在整個茶室裡。

不久，「高山功夫茶」開始沏泡，茶香四溢，翠寶的先生與外子雖才認識兩天，但也隨著我們女老師間的友情而熱絡起來；昆槐老師與廷兒聊得起勁，我們的聊天陣營不久擴張到十一人，內容由國家大事直談到人死後有無靈魂？靈魂又往何處去的問題……我一面沏泡功夫茶（可憐一只小壺要輪流供應十一個人飲用，怎不煞費「功夫」？），一面聆聽大家精彩的談話內容，忽然悟到原來魏晉人喜好清談是有道理的，這般歡樂的氣氛我希望永久持續下去。

更難忘的是翠寶的先生和春蘭都先後買到熱烘烘的烤餅，大家一面品茶，一面品嚐這剛出爐的又熱又香又甜的山中烤餅！回想兩天來我們嚐到了山雞、山筍、山芋、山菜、山菇、山金針，並品飲山茶、享受美味的炭烤山餅，在山中看日出、賞山花、山景，享盡山中樂趣，可謂不虛此行矣！

（原載中央日報一九九三、三、二五）

窗口像一幅畫的山城——九份

這幾年台灣似乎又多了一個地名——九份。

其實，九份在一百八十年前即因九戶人家聚居而誕生了。它眞正受人重視是在清光緒十五年（一八九〇），劉銘傳所率領的鐵路工人，意外地發現金礦的時候，「九份」才開始在台灣的東北角山坡上、海灣間熠熠發光了。

而我之所以知道這個地方，似乎由一則電視廣告朦朧的街景引起；之後又陸陸續續聽到人們幾句讚美之辭；最近，聽龔老師談起：「九份，我好喜歡那個地方啊！我去過好多次，那兒住著不少畫家，我正準備在那裡買棟房子，有空時去住幾天！」龔老師的現身說法，更喚起我對九份的好奇與神往——一個畫家居住的地方，豈不是可以媲美巴黎的蒙馬特區（藝術村）？

學生們期中考試後，爲了休閒與促進班上的友情，提議舉辦一次郊遊活動，經熱烈討論後，地點恰巧選擇了「九份」。身爲導師的我，就義不容辭地奉陪了。由於女孩子多，男孩子少，我又邀外子充當義勇保鑣。行前作過週密計畫，黃惠華家距九份不遠，由她負責探路、訂旅館、設計行程表：楊秀美負責領隊、分組與總務；兩個男生則負責一路殿後護花。

坐火車旅行去

那是個出門必須帶傘的週末，學生們上完課後，我們便搭火車往瑞芳去，偌大一節車廂中，幾乎都是女孩們忍不住的盈盈笑語聲。和學生們坐火車旅行去，也是我生平第一遭，心中也不禁伴隨女孩們的歌聲笑語而歡樂起來。天色愈來愈暗，火車到達瑞芳車站時已是晚上七點了，我們又冒雨轉搭公車至九份。

九份有座雞籠山，尖尖的圓椎形山勢的確像個古老雞籠的樣子；那夜我們住的旅館正在雞籠山下，一家名正言順的「雞籠山之戀」旅館。小小的旅館，住滿了各方旅客，學生們有的住十二人睡一間的大通舖，有的四、五人擠一間沒有衛浴設備的雙人房，其擁擠之狀，竟眞如住進雞籠裡，那番悶熱與擁擠，令人至今難忘。

夜遊於山海之間

雨後的初夏夜，山風沁涼，空氣清新，我們一行人順著山坡徐徐而行，走在蜿蜒的公路上，左側的山脈，高高低低、起起伏伏地打著酣、做著夢，像一群巨人般地臥地熟睡著；而右側是黑黝的大海，沿著海岸連綿不斷的燈火如水晶、如鑽石般的串成曲折有緻的珠鍊，懸掛在睡夢中的海神胸前，閃耀著渾身的晶瑩璀璨。

我們走進一家名叫「天方夜譚」的茶藝館，臨窗圍坐，長方形的窗框裡，恰巧把剛才那幅海灣燈火圖給鑲嵌了進去，竟是一幅活生生的絕美畫面！

學生們有的品茶、有的要果汁、有的喝咖啡，大家圍聚一桌，天南地北的聊天，也問了我和師丈許多稀奇古怪的問題。我一面飲茶，一面聆聽黑夜裡從海上傳來的海風呼嘯聲，享受著海風拂面的沁涼感覺。這是一場多麼難得的海濱茶宴，將來我與外子成了白髮老公和老婆婆時，相信也不會忘記與會一甲學生們共度的這個奇異夜晚。

揭開九份的面紗

午夜兩點，回到無窗的「雞籠山之戀」旅館的悶熱中，熬了三、四小時，天就亮了。此時，九份的神秘面紗方始揭開，原來從旅館的後陽台就望見了一片群山環抱、蜿蜒優美的海洋，山的衣帶拖曳至海中，將海岸線劃分成各種曼妙的姿態，海面上又浮現著一座座的小島嶼，遠遠望去，灰藍中顯得寧靜而迷濛。朝陽時常隱於雲端，因此，我們雖驚嘆九份海景之壯麗，但仍以沒有欣賞到眞正的碧海藍天爲憾。

坐落在山坡上的九份小城，新舊建築物雜陳，十分不協調，聽說是最近幾年來遊客們帶來的必然結果。九份的百年老街是沿山建屋，故多台階。老街狹長如帶般的橫繞於半山腰，曲折迴環，古意盎然；但年久失修的破屋、雜亂棄置的破爛家具，都乏人清理，弄得一片髒亂，這和巴黎整潔精緻的蒙馬特區是無法相比的。

聽說這裡的住戶，家家都擁有面海的美麗窗景，畫家們買下一棟舊屋，其目的是爲買下那一扇窗景！穿過許多窄街短巷，遺憾的是竟沒遇到一位畫家，在那兒揮動彩筆，描繪九份的海景圖或古老的街景畫。

爲了彌補些微的失望，我一面欣賞著層層台階、層層花，但見海棠、日日春、一串紅，一簇簇的，把古樸的石階妝扮得像少女項上的花環似的；每登數級，不忘提醒學生們回頭欣賞一下背後的海景，透過曲折小巷所呈現出的狹幅海景，幾乎一步一景，變化無窮呢！

「九份民俗藝術館」中保存著九份許多珍貴資料，似乎當年懷著淘金夢想的礦工們的起居生活、日常用品都珍藏在這裡。書桌上陳列著一位叫邱錫動先生的畫冊，他所畫的九份民俗風景圖深深地感動我心，在此，雖未見到任何一位畫家，但欣賞到如此動人的畫冊，也算是不虛此行了。「九份咖啡」即在此樓上，爲顧及學生們的荷包菲薄，不便提出喝一杯九份咖啡，欣賞屋頂風光的建議。「悲情城市」和「九份戲院」都荒蕪廢棄在此樓對面。

九份雲霧

中午時分，學生們在「聖明宮」前廣場唱歌、跳舞，陳怡眞還爲大家提來錄音機，眞辛苦她了！這兒居高臨下，是觀海最佳勝地，也是團體野餐最佳場所。正當大家盡興思歸之際，驀然間海面風起雲湧，乳白色的雲霧瞬間飛騰而來，漫山遍谷都是雲霧，我和學生們置身於雲霧裡，每個人都歡欣雀躍，想不到九份之旅的最後一個節目竟是如此教人驚喜，那種飄飄然如羽化而登仙的感覺的確如夢似幻，記憶中的黃山，就是如此感覺。

九份，可愛的小山城，妳沒有令我們失望，我們也希望人們能愛護妳。但願我們的政府能夠花點功夫將此城發展爲台灣的「藝術村」，猶如巴黎盡心盡力維護著十九世紀孕育出數十位印象派大畫家的「蒙馬特區」一樣！

（原載青年日報一九九三、六、二一）

不一樣的春天

序曲

宋代的文學家宋祁，曾與歐陽修等合編新唐書，他的詞也寫得好，尤以「木蘭花」一闋，歌詠美麗的春天，勸人要惜春、惜時、更要珍惜生命、熱愛生命。原詞爲：

東城漸覺風光好，穀皺波紋迎客棹。
綠揚煙外曉雲輕，紅杏枝頭春意鬧。
浮生長恨歡娛少，肯愛千金輕一笑？
爲君持酒勸斜陽，且向花間留晚照。

宋詞中詠春詞最多的作者包括晏殊、晏幾道父子；歐陽修、秦觀等詞人，但他們總被離情別緒、或純賞春景所纏繞，時而透露出詩人悲觀的色彩，很少有如此認眞的面對春天，以歡樂的心去描繪春天，以酣醉之筆歌詠春天，並以「浮生」、「長恨」來預警人生苦短，歡少恨多，人們切勿作繭自縛，忽略了一年一度匆匆而過的春天！

想想人生若能活足八十歲，除去開頭懵懂無知的十年和末尾衰殘老病的十年，只剩下六十年，再減去一半兒黑夜，僅剩得三十年的白晝；這精華的三十年中，你要成長、求學、工作、結婚、生子、創業，其間不可能事事稱心如意，你要在不斷的挫折中跌倒，再站起來，你要肩負爲人子女、爲人夫婦、爲人父母、爲人兄弟姐妹、爲人朋友的種種角色與重擔，一路行來，顚顚跛跛，你可曾數數生命中究竟剩下多少個春天？你又有幾個春天確實掌握得住，不讓它悄悄地溜走？不讓它在淚水與嘆息中糢糊地帶過？

驚春

寒假裡，二月四日正是農曆「立春」日，又是晴暖的星期天，我與外子匆匆奔赴陽明山探訪櫻花，我們在前山公園的櫻花樹下休憩。夢想。雖已過知命之年，但人生不能沒有夢想。我們正積極規劃老年生涯，規劃如何渡過人生四季中最殘酷的寒冬，如果一切如意，冬季也可以具有它非凡的特色——皎潔蒼茫之美！

我們攀賞了每一株櫻花樹，對於半凋的櫻花，飄零於樹下、溪澗的落花，感到莫名的悲傷，懊惱尋春已遲之際，沿著小徑徘徊，忽然在兩棟木屋間驚見一株極大的櫻花樹隱藏在窄巷裡，濃濃密密的開滿一樹燃燒般的紅花，怕不有成千上萬朵吧？那亮麗的紅，不是正紅，也非紫紅，介於二者之間，無以名之，姑且稱之爲「櫻紅」吧？彷彿世間所有的紅色都與它不同。或許那是上帝在創造人類之先的一件藝術作品吧？祂刻意調出一種奇異的紅色，將它塗染在堅實而長著橫紋的樹幹與柯枝上，美的是一樹奇異的花光，卻找不著一片綠葉來。那娉婷的仙姿教我驚詫，那如夢似幻之美卻又眞實地呈現眼前。此時小屋寂寂，小徑幽幽、人蹤杳杳，只有蜜蜂嗡嗡地採食花蜜，我癡立於櫻花樹前，被這驚人的美麗震懾住了，不能言語，不能移步……。

山中歸來，才發現自家花園裡也產生奇觀：桃花、含笑與桂花同時怒放。桃花、含笑是春花，卻提早於臘月開放，桂花乃「三秋桂子」屬秋花，卻又延遲至臘月盛開，今春來得太早，大約與去年的閏八月有關吧！山中歸來，日子在戰爭的疑慮與陰影下展開，首次民選總統的辯論會、銀行的擠兌風波、寒雨中落寞的年景……接著一波波的中共軍事演習、一場場的競選活動，人們幾乎懷疑在連續劇的情節中渡日……好不容易熬到大選過去了，一切急速落幕，人們在驚定回神之際，尚且來不及思索什麼，驀然間，竟然發覺這個不一樣的春天，即將悄悄地要走了……。

春雨行

春雨綿綿中，學校放了十天春假，我只渴望享受平靜的家居生活，穿著輕軟的家居服，泡杯香醇的熱咖啡或沏一壺上好的熱茶，臨窗而坐，欣賞自家花園中的奇景：青翠的柳條滴灑著相思雨；桃花滿枝，飄落後沒幾天即變幻出滿樹的嫩葉和上百顆新桃；杜鵑與玫瑰爭奇鬥艷；火紅的石榴花和小小的海棠花互訴衷情；含笑花依然含笑，花瓣兒笑落一地，甜甜的香味在園中飄盪；鳥雀們成群地來歌唱。人生，原本應如此安寧、恬淡而美好，平凡的人只要擁有這一切便已知足常樂。

四月一日，三十六年前竹師時代的老同學約我尋春去。近年來我們經常舉辦這種即興式的小型同學會，以電話聯絡五個同學，一人駕車，四人隨行，遨遊山林、隨處休憩。並且事先約定：風雨無阻，務必盡興。這一次的行程又是鴻灑開車、杏枝帶路，遠從高雄來的麗茹算是貴賓，雪香和我則是老馬識途，樂此不疲。

我們先到北投幽雅路散步，「幽雅路」路如其名，佳木蓊鬱、路徑蜿蜒，半山腰有一座簡陋的寺廟，但此處卻擁有上百種的花木和極佳的視野，人蹤罕至，是鳥雀們的秘密天堂，除常見的麻雀、白頭翁、綠繡眼外，還可看見烏鴉、松鼠和高傲不群、自由飛翔的鷹。山坡上山林、杜鵑、櫻花、五色茉莉開得一片燦爛，中有一株亭亭如蓋的枇杷樹，已結實纍纍，使我想起明代歸有光的「項脊軒志」文中紀念他亡妻的那株枇杷樹，不禁悵然良久，文學作品之動人，不因時過四百餘年而減低它扣人心絃的力量。

中午在「禪園」用餐，這家餐廳並非與宗教有關，我們喜愛那半山上臨窗的古木、綠藤、以及遠處的風景。木樓、木地板、方格木窗，使室內與室外的大自然融合爲一，空氣中飄浮著樹木的芳香實爲一大特色。「禪園」的蒙古烤肉由各人自選菜調味，最能適合「少肉多菜」的我們這個年齡層的人。飯後，飲畢熱茶，我們又驅車前往陽明山賞花。冷雨寒風中我們又發現了許多遲開的櫻花，這十餘株櫻花或許是日本品種吧？因爲它是粉白色的，仙姿綽約，衣袂飄飄，又是另一番麗景；早一、兩個月開過的紅色櫻花樹則已綠葉成蔭子滿枝了！

「我還不想回家！」這句話居然發自我的口中。

「那我們找個地方暖一暖，喝杯茶！」衆人也遊興不減。

「我帶大家去白雲山莊吧！」鴻灑說。車中正播放著她自己錄製的歌曲。

歌聲笑語中，車子駛入隱藏於山道旁的「白雲山莊」，走進茶室裡，才發現這是一個令人驚喜的好地方，弧形的半圓大玻璃窗，像電影院的大銀幕一般，將山下大半個台北盆地盡收眼底，臨窗品茗，如觀賞一部超大銀幕的電影，所有的山川、河流、高樓、街景都成了佈景和道具；所有的人、車成了臨時演員；寒風細雨、雲煙飛騰都演活了畫面，此情此景，眞有心曠神怡，與大自然合而爲一之感。

五個老友，由日常生活，子女近況、健康問題、未來計劃、直到天下大事，似乎永遠有談不完的話題，我想這也正是台灣生活的精彩處吧？也是數十年友誼才能營造出的心靈中的春天吧？

（原載國立台北商業技術學院校刊一九九六、四、三十）

春日宴

三訪杏花林

在台北市近郊木柵的一片青蔥翠綠的山坡茶園中，隱藏著一片杏花林，由於主人栽培得很成功，近幾年來，每到春天二、三月花季時愈開愈盛，已經遠近馳名。而人們春天到木柵杏花林賞杏花，和到陽明山賞櫻花、杜鵑花，彷彿已成爲不能錯過的盛會了。

我第一次去賞杏花是三年前朋友帶去的，那天尋春已遲，枝上殘花稀少，地上則落英繽紛，許多香魂正化作春泥，適逢一場春雨初歇，腳踏花泥，不勝悲淒。

第二次去賞杏花是本校馬承驌教授率團去的，本團團員有：馬夫人、靜如大姐、翠寶妹妹和我。那一天杏花開滿山坡，一片嫣紅，將一個山谷妝點得像武陵仙境。馬學長慇勤地爲我們解說他所熟悉的木柵山區種種故事；馬夫人嫻靜地伴隨，時而略作補充；靜如姐很少爬山，一路上氣喘吁吁，爽朗的笑聲洋溢在杏花林間；翠寶妹的妙語如珠以及陣陣驚嘆，在在都對杏花林作了最高的禮讚。我呢！不住地想著：明年我會再來！我會帶更多的親朋好友來！這次唯一的遺憾是：正當馬夫人要爲我們拍照留念時，卻發現～忘了裝膠卷！這天馬學長夫婦除了設「驚奇宴」款待我們之外，臨走又送我們每人一大束杏花，盛情美景，永難忘懷。

第三次造訪杏花林是在今春三月天，少了馬教授夫婦那慇切的導遊，又缺了靜如姐獨特的、爽朗的笑語聲，更惦記著正在遠方養病的寶妹妹，心境自是不同。此次同遊者爲本校吳慶齡教授、盧素美、李月霞、張景近三位老師和我。我們是六藝樓小小休息室裡的一群時常見面的好同事，大家性格開朗、樂觀率直，極易相處，久而久之，培養出一份珍貴的友情來。吳教授雖貴爲觀光局長夫人，可卻沒有絲毫驕氣，她像一位大姐似的領我們觀光，並且辛苦地擔任「司機」（這可是她自己說的喲！），我們感謝的話竟不敢多說，越說她會越謙虛了。此外，盧素美老師是我們的「開心果」；李月霞老師是我們的「小仙女」；張景近老師熱情如火，是一切行動的「催化劑」。我則是個熱忱的「支持者」，一個快樂的「跟班人」。

此次杏花正逢盛開期，數百株的杏樹枝頭，開滿杏花，花盛葉稀，複瓣的大朵花兒，簇簇擁擁地迎向春天的陽光，像在歡呼，像在歌唱，令人不禁想起宋祁的木蘭花：「綠楊煙外曉雲輕，紅杏枝頭春意鬧」那樣的絕妙好詞來。當微風輕拂，杏花花雨如仙子、如音符般地飄飛時，韋莊的思帝鄉：「春日遊，杏花吹花吹滿頭，陌上誰家年少，足風流？妾擬將身嫁與一生休。縱被無情棄，不能羞！」又驀地湧上心頭，那種久已被遺忘了的少女情懷，彷彿從世界的盡頭，逐漸清晰地走近、歸來……

杏花林中巧遇杏林子

杏花的顏色以粉紅居多，中間摻雜著少數幾株純白的和鮮紅色的，實爲難得。我們沿著山路一路攀爬欣賞，時而佇足近觀，或舉首遠眺，紛紅駭綠，無一不美。幾個朋友雖所學各有不同，但卻都是愛花人，尋得此一佳境，豈能草草領略，匆匆走過？幾乎每一株杏花的仙姿麗影，都牢牢地將其嵌入記憶裡，那份癡狂眞難以形容。

坡迴路轉，在杏花林的小徑邊，居然遇見了名作家杏林子。「杏林子來賞杏花」，是世間最恰當不過的雅事了，試問有誰能比得上她更適合賞杏花這等「文人雅事」呢？

她，杏林子小姐，端端莊莊地坐在輪椅上，一雙杏眼眨呀眨地，雍容華貴的氣質，年輕粉嫩的杏花般的膚色，閃亮而出衆，說什麼也不像個經常要動大手術的病人。在她的身邊，環繞著一群吱吱喳喳的年輕朋友，親暱地和她聊天，杏林子本身散發的光與熱，愛心與毅力，使她永遠不會寂寞的。

我偶爾讀她的作品，聽她的錄音帶，此時不放過機會地對她大加讚美，她也含羞地接受了！是杏花給予的熱忱，讓我和吳慶齡教授能如朋友般地跟杏花林中的仙子～杏林子交談幾句，毫無陌生人的距離感，這種經驗，想必一生不多。

中午，飢腸轆轆，盧素美老師請大家在貓空的「緣續緣」茶藝館午餐，山雞野蔬，石桌石凳，青山翠谷、雲煙四起，饒富野趣，斯時也，忽發奇想：切盼誰能請來一位印象派大畫家，爲我們畫下一幅「貓空春宴圖」？

春日遊鶯歌老街

「鶯歌」是個好地方，黃鶯鳥在歌唱，誰說不是春天最宜拜訪的好地方？這一天午后，我們終於成行，但團員人數縮減到僅僅三人：吳慶齡教授、張景近老師和我——標準的「三人行」！

鶯歌是吳老師常去的小鎮，而我們倆是第一次造訪。約莫一小時車程，便抵達鶯歌鎮上一條老街。這條老街很窄，仍有各種車輛通行，破壞了老街的古意。如果老街再清潔美化一番，禁止車輛駛入，遍植佳樹，飾以鮮花，設置涼篷與咖啡座或茶座，成爲觀光街徒步區，相信或可和西班牙古都托雷多老街的陶瓷藝品店互相媲美呢！

然而我們的鶯歌老街，沒有石磚路，沒有馬蹄聲躂躂；沒有一株綠樹，沒有一隻黃鶯鳥在樹間歌唱，在花叢間啄食；有的只是塵埃飛揚的柏油路和不時駛來的車輛噪音。商店門口高高低低的路面，又缺乏騎樓、走廊，逛起街來極不順暢。雖然大環境距理想甚遠，但鶯歌的陶瓷藝品商店卻奇貨如山，很有可觀的價值。

陶瓷店櫛比鱗次地靠著街道兩邊排開，雖然櫥窗遠遜於歐洲的櫥窗設計，但一走進去，便覺琳琅滿目，精彩奪人。家家都有不同風格的作品。其氣派非凡的巨型花瓶，精緻華麗，巧奪天工，直可與古代皇宮中的御用品比美。其餘中型、小型的彩繪花瓶，亦值得典藏，深具中國文化藝術之特色。其中的佼佼者，若假以時日，也許會隨年代的緲遠而進入故宮博物院珍藏吧？有些作品頗具匠氣，甚至俗氣，也有些作品極富靈氣，必須深具慧眼者來挑選之、珍藏之。

造型上舉凡日常生活中所需的花瓶、茶壺、茶杯、筆筒、碗盤、魚缸、壁飾、人物雕像，應有盡有。而材料上分陶器與瓷器兩大類別。售價上從區區數十元的普通小陶器至數十萬元的富有藝術價值的精品，也一應俱全。似乎廉價者便於日常使用，而高價者宜於裝飾與觀賞。某些陶藝家已紛紛成名了，他們的名字已在這條老街開始散發光芒。

我們走了兩個多小時，直到腿痠爲止，忽然發現已經回到街頭原來的出發點，此時兩手空空，什麼也沒買，眞是如入寶山，空手而回。不過天下事物能盡情欣賞就夠了，何必一定要擁有呢？

（原載國立台北商業技術學院校刊一九九八、四、三十）

群山的呼喚——五月山中行

雨霽山光潤

五月十六日，由商文科主辦的「獅頭山、觀霧之旅」，早晨八點從校門口出發，兩輛中型巴士，載著四十餘位「愛山」的同仁，在歡聲笑語中，輕快地出發了。其實大家深深感謝吳文清教授的事先探勘路線、精心策劃食宿問題；陳丁琪助教的連絡、安排、收費等雜務辛勞；商文科陳秀櫻主任抱著大病初癒的身子，信心滿滿地擔任精神領導；他們的愛心與辛勞是任誰也無法忘懷的。

兩個多小時之後，我們已進入山區了。由於連日來幾乎每天都是「晴、雷陣雨」的怪異天氣，陳主任唯恐大家掃興或遇上意外，因此行前與基督徒好友們頻頻祈禱，祈求上帝賜予好天氣，讓「雷陣雨」消失。

那日，果然是個晴朗明媚的五月天，在連日大雨的沖刷下，山色青翠欲滴，仔細欣賞，它由淺綠、黃綠、碧綠、銀灰綠、深綠、墨綠，種種不同的綠組成，若要細數究竟有多少種綠，或許連梵谷也難以用他敏銳的視覺精確地細分出來！

再定睛看時，你會發現樹葉兒像一片片的小鏡子，在陽光下反著光，調皮地逗弄著你的雙眼，教你睜不開眼睛來；一株株不同品類的樹，像一把把不同綠色染繪的傘，像山中精靈似的，在向你微笑、招手。「此行，光看樹就夠了！」我正暗自尋思。

獅頭山漫步

「**獅頭山**」於清道光年間即已受新竹知縣之重視，據說山形像一頭伏獅，獅頭、獅身、獅尾俱全，且栩栩如生。山中多寺廟，廟之造型，外牆壁畫上的忠孝節義歷史故事，內部的菩薩、內壁壁畫的地獄變相圖，都與中國大陸無異，可見台灣先民帶著中原文化，東渡大海，來此承傳香火，可謂用心良苦，厥功至偉，海峽兩岸同文同種同祖先是不爭的事實，是無須改寫的眞實歷史。

「**水濂洞**」是一個巨大的巖洞，洞門長年滴著泉水，猶如簾幕，裡面供著幾尊佛像，卻不是齊天大聖孫悟空，頗令人納悶與迷惑。有人在洞內築屋兩間，奇醜可厭，破壞了天然景觀。國人擅長搞違章建築，竟然建到山洞裡，怎不令人氣惱？陳若雄教授心直口快，大加撻伐，與我心有戚戚焉。

在往「**五指山莊**」的山路上，驀地看見車前有一條丈餘巨蛇擋道，此兄彷彿在人跡罕至的山路上扭曲著身子作日光浴呢！這條巨蛇是我平生親眼見過最長的蛇，身軀約有茶杯口那麼粗。某位女老師認出來：「頭呈三角形，是毒蛇，好像是龜殼花！」車子停下來，全車人爭觀奇景，驚聲尖叫連連，比看恐怖片還刺激。那大蛇被我們的叫聲嚇壞了，驚惶失惜地弓著身子，迅捷地朝山壁遁去；看牠爬山的怪異姿態，也會驚出你一身冷汗來！

五指山莊夜談

黃昏時分抵達新竹縣的「五指山莊」，這兒是我們今夜臨時的「家」。「五指山莊」位於五指山的「中指」之下，中指的半山腰，又修築了重重疊疊、金瓦紅牆的廟宇。廟前冷清清的小街上有幾家小商店，出售著客家口味的醃菜和各式甜點。

位於海拔八百公尺的「五指山莊」是花園平房式建築；每戶門前皆種植純白的香花，如夜合歡、梔子花。正逢花季，空氣中飄散著濃郁的芳香。櫻花樹、桃花樹也多，想必春天另有一番絢麗的景象。

晚餐後，有卡拉OK表演，陳主任的一曲「何日君再來」哀怨淒美；吳震遠教授的「最後一夜」深情浪漫，歌喉渾厚圓潤榮獲「歌王」美譽；鄧介偉、史穎君兩位年輕老師合唱「掌聲響起來」也勾起我對一位多情少女的深摯懷念；吳文清夫人和她的公子都有高水準的歌藝表現，可惜忘了探問曲名。

回到我們今夜暫住的第七號山莊，首先來的貴賓是林益本教授夫婦、鄧介偉賢弟。武榮蔭教授和我們毗鄰而居，六個人正聊得興高彩烈時，陳岩雄教授帶著嬌妻進來了，頻頻怪我們早走，未能聆聽他的歌唱表演，我們請他再唱一遍，偏又被婉拒了。陳教授已略帶幾分酒意，話匣子一打開，便取代了林益本教授和鄧介偉賢弟未講完的精彩故事。我們和陳岩雄教授夫婦同團旅行多次，大家都欣賞他的赤子之心與豪爽又澹泊的天性，這位數學博士是個標準的性情中人。接著吳震遠教授也來了，稀客！稀客！我們的好友李彩霞大姊、李彌丹小妹也梳洗停當，容光煥發地光臨，連平日只有微笑、甚少交談的賴金文學弟也伴同夫人大駕光臨；活潑可愛的何台麗、謝淑眞老師也擠進我們七號的小客廳，滿座生春，幾乎每隔三、五分鐘有「天才兒童」之稱的鄧介偉老師就忙著出去借凳子、倒茶水來接應。愛心的風把大家吹聚在一堂，「五指山莊」的夜談，由微醉的陳若雄教授、吳震遠教授製造了許多笑料，也逐漸地由陳教授口中道出了他的達觀人生哲學，以及經驗之談。在這裡大家情感交流、融洽如一家人；在這裡，沒有長幼尊卑、教師與眷屬之別；人性敦厚、善良、知足、惜福的一面赤裸裸地呈現，那種氣氛的歡愉與和諧，眞是一生難得幾回呢！看來台北商專還有更多更深的金礦，有待我們去挖掘。如果你我封閉自己，永遠戴著世俗的「面具」，隱藏自己，縱使在本校執教半生，到頭來也畢竟是：我揮一揮衣袖，不帶走北商一片雲彩！

霧中的神木群

「觀霧」，好美的地名，就因這地名吸引我，才報名參加此行的。吳文清教授是業餘的旅行專家，登山健行高手，他事前即形容說：「那地方好美好美！」

爲了追求一個美景，我們經過兩天行程，歷經無數山巒，行過蜿蜒曲折的山路，終於來到「觀霧森林浴步道」。這裡是一座原始山林區，古木參天，巨大且筆直，森林濃密，陽光穿不透，是芬多精最豐富的地方。

山行一個多小時，豁然看見一株巨大的古木立在道旁，大家抬頭仰視，它的青枝綠葉彷彿伸出雲端，這就是觀霧五株神木群的第一株，高度有四十七·一公尺，胸圍有十六·三公尺，樹齡約兩千年（相當於出生在我國的漢代）。這株粗壯挺拔的紅檜樹，避過了人世間的種種紛擾，由漢代存活至今，眞可謂奇蹟！更何況它躲過了無數的閃電雷劈，山洪爆發，雨水沖刷，以及伐木工人的可怕鋸斧，才能健壯地存活下來，猶如一柱擎天地挺立於人間。我們的林務局終於懂得保護神木了，他們爲老樹按裝了「避雷針」。第二株神木長在下方山谷裡，攀爬費力，我和幾位體力較弱者只得放棄。外子張震代我觀賞，他說第二株長得奇，樹底下有一個大洞，可容一人穿過，不看可惜。第三株樹根外露，糾結盤錯，有如一尾多爪大章魚，緊緊地抓住山坡土石，鄧介偉老師替大家拍了一張坐在虬根上的合照。其餘二株略爲矮小，斜倚槎枒，亦有不凡之英姿。

衝越洪流

歸途中，雨愈下愈大，路旁忽然增加了許多黃泥小瀑布，來勢洶洶，甚是驚心動魄。「不要有落石吧！不要有山崩吧！親愛的上帝，請保祐我們平安回家！」我心中暗自祈禱。

車行一個多小時後，來到一處低窪谷地，原本此處就在修築路面，旁邊有一間山區派出所，來時頗不經意，此時突然間發現低陷的道路不見了，眼前變成一條黃泥滾滾的河流，寬度約二十餘公尺，水流湍急，水聲喧嘩，聲勢奪人心魄。窗外雨下得正急，又未見警察前來指揮協助。我們第一車與第二車間無法聯絡，車中雖有兩人攜帶大哥大，但在深山中又加大雨，卻無法通訊，一時之間眞急煞人也。

此時忽聽林益本老師說：「大家坐穩不要動，我們衝過去吧！」「啊！水流太急，別冒險！」不少人持相反意見。停了十餘分鐘，水勢愈來愈大，山區車輛也增多了，萬一山洪爆發，將我們困在山中，今夜將忍飢、耐渴，明日還要上課，如何了得？若是衝越過河，會不會遭遇意外？成了「暴虎馮河」之徒，或許成爲報紙新聞頭條？

正在進退兩難之際，只見一輛小汽車領先衝了過去，平安抵達彼岸；幾分鐘後，一位摩托車騎士也加足馬力衝了過去。此時陳主任與林教授信心大增地宣佈：「大家坐好，抓穩扶手，一、二、三！司機先生，衝呀！」車子顚顚簸簸地渡河，因爲沙石俱下，黃水渾濁，誰也不能預料會不會撞上石塊或陷入泥淖，那數秒之間眞夠驚險呀！

當我們平安抵達彼岸，全車二十一人莫不拍手歡呼！陳主任高吭的聲音：「眞是有驚無險，感謝上帝！也感謝林老師的信心堅定，做事果斷！」大家又忙著回頭觀看本團第二車如何衝過洪流，他們眞幸運，有我們的「前車之鑑，」既不考慮，也不擔心，毫不猶豫地就加足馬力衝越急湍了！

（原載國立台北商業技術學院一九九八、六、十二）

清秀絕倫的花東縱谷

花蓮是個好地方，每每聽到或見到這個地名，就令我心生好感，如果把「花蓮」兩字倒讀，就成了「蓮花」，蓮葉田田，十里荷香，無論是出水的芙蓉或是沉睡中含笑開花的睡蓮，都莫不令人沉醉於它們的清秀絕倫、純潔溫潤的花之靈魂裡。「蓮花」的聖潔純美似乎暗暗地閃爍在「花蓮」這個地名的背影後，因此，我對花蓮的心生好感不是沒有一絲道理的。

我們一群老師們有幸和觀光局長的夫人吳慶齡教授同事，更榮幸的成為觀光局為招徠觀光宣導所主辦的「東海岸泛舟之旅」的「貴賓」們，這件事的確教人興奮，因為我們這群默默耕耘的教育工作者，平日甚少有機會如此被「寵」而風光地作這種觀光之旅呢！

遼闊的兆豐農場

樸實的花蓮猶如脂粉未染的山村姑娘，和台北的繁華競逐、五光十色是大異其趣的。尤其今年初夏的天氣，每日幾乎都有一場大雨，雨水淹沒了不少低窪地區，神木村橋樑被沖斷，居民再度被困的消息不時地在電視中播放；誰知雨季卻獨厚花蓮這片土地，你看，重重疊疊的大山更嫵媚了，多樣的彩色刻畫出山的遠近高低，雲和霧似乎讓你分不清了，近處看是霧，遠處看卻是白雲，它們有時柔如絲棉般地纏繞在山腰、在山巔，有時又筆直垂懸於人家的屋頂上方，像仙女拋懸下一條白練要把人家的房屋提升上天空似的，實在有趣極了！

原野上一片青蔥翠綠，這裡就是花東縱谷，一片的平原、單一的顏色——翠綠；兩邊的山勢，一邊崇高險峻，千山萬壑，山勢猶如嚴父，另一邊則低矮平坦，山勢溫柔如慈愛的母親。這一片平坦的翠谷便在嚴父慈母般的兩列山系中成長，這便是台灣最後一塊沒有被工業污染，沒有被建商炒作的淨土。我們的遊覽車行駛其間，幾疑置身於清麗脫俗的瑞士鄉野呢！

參觀「兆豐農場」是此行重要景點。兆豐農場之遼闊與美麗，可能是全國第一了。農場的接待室和大花園氣派非凡，從接待室向花園眺望，只見雲霧迷離、青山隱隱、遠樹含煙、花光濛濛，好一個世外桃源，絲毫不見人間煙火之景象；此時涼風拂拂，毫無炎夏暑氣，我又再度肯定這兒的風景和靈秀之氣，絕不亞於瑞士的丰姿神韻了！兆豐農場的主人的確具有慧眼，我敬佩你！我羨慕你！

接下來乘坐農場小火車參觀四季果園區、藥草區、苗圃區、乳牛及可愛動物區。記得正是酪梨成熟時，油亮亮青綠的果實結滿枝椏，煞是可愛；乳牛和小羊們給了我許多童年的回憶，慶幸這些動物們在此可享有開闊的空間和完善的照顧。農場裡的鮮乳之美味，讓我們讚不絕口，烤紫色地瓜的香味也至今難忘。

下午又到「富源森林遊樂區」去漫步，此時忽然來了一場小雨，細雨濛濛中，我們一行約三十人在原始森林中散步，解說員帶隊一路爲我們講解山區裡的種種植物、動物，其學識之淵博、口才之風趣幽默，實爲不可多得之人才，因爲他的確給我們這些老師上了一堂自然生物課，學海無涯，吾輩尤應虛心向學呢！

不聽他解說時，我倒也可獨自飽覽這山坳中的美景：奇花異木、枯藤野草，甚至有幾株在電影「侏羅紀公園」的時代裡即已存在的怪異厥類植物（可惜我已忘記其名稱）。忽聞瀑布聲潺潺，行經一石橋，復見一奇景，原來自山澗巨石中奔流出一條小溪來，水聲喧嘩，水花飛濺，地勢險峻，小溪急急向遠處山谷間奔騰而去，那種水的力量和勇氣著實感動了我，如果說山的靜默和溫柔屬女性，那麼水的好動和勇猛則應屬男性吧？仁者樂山，智者樂水，仁與智、山與水都是不可缺一的吧！後來聽說這條不同凡響的「小溪」竟是著名的「秀姑巒溪」的上游原貌呢！

這一天，我們的盛宴上吃過雞、鴨、鵝、魚、豬、兔、鹿、山羌、竹雞等近十種不同的肉類；許多新鮮美味的野菜；山胞的竹筒飯和奇異可口的年糕，眞是吃得又驚喜、又害怕、又讚美、又愧疚哩！

秀姑巒溪泛舟

一年一度的「秀姑巒溪泛舟大賽」就在六月七日舉行，當時眞是萬頭鑽動，熱鬧非凡，司令台上的開幕儀式、擴音器裡的指揮呼叫交織成一片。有一小隊人馬早已換好了泛舟衣裝，個個頭戴安全帽，足穿舊布鞋，悄悄登上橡皮筏子，八人一組，或六人一組的領先出發了，這些提早出發的泛舟隊伍立刻引起全場人的注意，我們聽見擴音器的聲音說：「各位觀衆，比賽尚未開始，剛剛出發的不是我們參賽的選手！」

眞的，首先出發探險的正是我們這一群旱鴨子老師團隊，不過很糗的是大家不是用槳划的，卻是由專人操縱的馬達橡皮艇呢！難怪在秀姑巒溪上這幾艘橡皮艇，瞬間便衝了很遠，幾分鐘後便消失在山環水迴的轉彎處，不見了蹤影。

更糗的是我們七、八個老弱殘兵，以及膽小怕水的，根本不敢下水，只舒適的乘坐遊覽車，沿河岸山壁行駛，作名副其實的「壁上觀」，看他們正在驚濤駭浪中探險，而我們卻在欣賞一幅幅瑰麗的大自然美景：鵝黃色的橡皮艇，點點流動；在「奇美」地區最高處的山路上，俯瞰曲曲折折、風景瑰麗的秀姑巒溪在大地上繪出的圖畫，我們的好友正在圖畫中點點游移，或許驚駭得大呼小叫，而我們暫時充當旁觀的觀衆，氣定神閒，悠然欣賞。人生多變，有時你身不由己地粉墨登場，當上了主角；有時你又洗盡鉛華，退出舞台，當一名觀衆。台上台下，幕前幕後，嘗盡甘苦，也飽享眼福。人生，如此多變而又有趣！

（原載青年日報一九九八、七、二六）

〈紐約遊蹤——尋訪四十八年前的恩師記〉
右坐者為作者恩師俞敬群先生（在紐約）

〈亞特蘭大的奇妙之旅〉
美麗的恰塔呼奇河令人沉醉

〈多瑙河畔的美麗城市——布達佩斯〉
在「在藝術家咖啡屋」等待一杯咖啡

〈多瑙河畔的美麗城市——布達佩斯〉
多瑙河流經布達佩斯市區中心

〈斯洛伐克驚鴻一瞥〉
在斯洛伐克的首都午餐

〈多瑙河畔的美麗城市——布達佩斯〉
布達佩斯的國會大廈

〈絢麗多姿的布拉格〉
查理士橋下的天鵝群

布拉格金碧輝煌的博物館

〈絢麗多姿的布拉格〉
布拉格的古皇宮

布拉格迷人的建築之美

〈費迪南太子的行宮〉

〈集中營的恐怖印象〉
大門上懸掛：「有工作就有自由」的謊言

〈集中營的恐怖印象〉
位於波蘭克拉科的集中營

〈浴火重生的華沙〉
華沙市內的哥白尼塑像

〈浴火重生的華沙〉
來自世界各地的愛樂者，坐在蕭邦故居前聆聽他的鋼琴名曲

〈金碧輝煌的莫斯科〉
莫斯科紅場的美麗城牆

〈莫斯科印象之旅〉
作者與導遊瑪利亞小姐在莫斯科地鐵中合影

〈雄踞波羅的海濱的聖彼得堡〉
彼得大帝的夏宮鍍金的噴泉

〈金碧輝煌的莫斯科〉
克里姆林宮的聖母升天大教堂

〈雄踞波羅的海濱的聖彼得堡〉
聖彼得堡的建築藝術別具一番風貌

〈雄踞波羅的海濱的聖彼得堡〉
冬宮又名隱士蘆博物館，有1057個房間

〈莫斯科印象之旅〉
莫斯科地鐵中以馬賽克鑲嵌的歷史畫

〈碧海青天南歐行〉
尼斯郊區的古羅馬劇場

〈碧海青天南歐行〉
摩納哥皇宮矗立於地中海濱

〈光彩奪目的巴塞隆納〉
高迪設計的惠埃公園充滿童趣

〈光彩奪目的巴塞隆納〉
高迪設計的聖家族大教堂尚未完工

〈膽戰心驚看鬥牛〉
這邊陰涼些，票價比較貴

〈膽戰心驚看鬥牛〉
鬥牛士和鬥牛出場了

〈西班牙的古都——托雷多〉

〈佛朗明歌舞洋溢西班牙的熱情〉

〈格拉那達的阿拉伯皇宮〉

〈格拉那達的阿拉伯皇宮〉

〈奇幻迷離的羅德島〉
希臘羅德島上的林多斯古堡廢墟

〈哥多華的傳奇〉
作者與好友合影於馬車上

〈繁華富麗的伊斯坦堡〉
背後是博斯普魯士海峽

〈土耳其的怪異地形〉
岩洞內曾有人居住

〈梅姬・迪克遜的苦艾酒〉
愛丁堡的「忠狗巴比」銅像

〈梅姬・迪克遜的苦艾酒〉
皇家哩路的中古時代魅力非凡

〈愛丁堡的國際藝術節〉
愛丁堡古堡內部風貌

〈史特林古堡遊記〉
古堡中的玫瑰碩大而艷麗

作者之子張廷登上
下龍灣其中一島

作者與好友們合影於
下龍灣船上

作者之子張廷攝於
吳哥窟神祕的女神像

作者與子張廷攝於柬埔寨的
小吳哥窟全景

日本栗林公園多奇松

京都的金閣寺

三、美加篇

迷人的傑克森小鎮

遊罷粗獷豪放的美國黃石公園和緊鄰的冰清玉潔般的大堤頓公園後，我們的旅行團來到一個坐落於山谷中的小鎮。小鎮的名字叫「傑克森」，是爲了紀念一八四〇年第一個白人傑克森來到此地，和印地安人做交換皮毛的生意，從此許多白人陸續來到，本地美麗的風光使得此區聲名大噪，一九二九年終於被美國政府劃列爲國家公園，受到特別的保護，大自然生態不容許遭受絲毫破壞。

這兒風景秀麗，有幽靜如藍寶石般的傑克森湖，湖邊長滿了芒草和紫色的小野花；峰巒疊聚，最高處達三千八百公尺，終年白雪皚皚，銀光四射，映照在波平如鏡的傑克森湖面上。山谷下草原遼闊，牧場處處，可以靜靜地欣賞「百駿圖」，也是最好的騎馬場地。我們雖沒看見遊客騎馬，但也可以想像當年印地安人在此馳騁躍馬的英姿。這兒公路旁有一條聽起來令人毛骨悚然的河，名叫「蛇河」，附近岸邊多沙，是響尾蛇出沒之地。

山坡下的草原上，據說每年冬天，平均有一千多頭鹿來此自動脫落牠們的美麗鹿角，牠們將寶貴的鹿角棄滿草原，然後走了，次年春天，重新長出新角。童子軍們被政府特准可來此地撿拾鹿角，出售給韓國人，以賺取童子軍活動經費。

小鎮的邊緣，環繞著清淺小溪流，清澈的碧波上有野鴨與天鵝悠然游著。少數釣魚高手正靜靜地在溪邊垂釣。遠處一座高山靜默地俯視著小鎮，山上郁郁青青，卻可見一片清晰的草痕，導遊說那是冬季滑雪場的痕跡，每年冬天有成千上萬的旅客來此滑雪度假。傑克森不愧爲觀光小鎮，夏季遊湖、垂釣、騎馬；冬季溜冰、滑雪都是吸引遊客的最佳條件，何況還可順道去遊覽「大堤頓公園」和「黃石公園」呢！

傑克森小鎮的迷人處在於它的小巧而精緻，全是木造的房屋，最高不過兩層樓，所有的商店、旅館都整整齊齊地分佈在十字形的街道兩側。美麗的木屋各有各的造型、別出心裁的櫥窗設計、甚至連商店門口的走廊都是木板造的，走在上面鏗然有聲，彷彿木板在吱吱嘎嘎地和你交談呢！許多商店門口，有木刻的印地安人做廣告，大大小小、高高低低的排著隊，煞是可愛！

最具特色的是十字路口中央有一座小公園，公園有四座門，每一座門都是用鹿角架構而成，呈灰白色，非常藝術化。起初我們以爲是假的，但經過大家仔細觀察分辨後，發現它們的紋理自然，質地疏鬆處連微小的孔隙亦分明可見，足證不會是假的，何況此處每年可撿拾一千多頭鹿自動脫落的鹿角，將其堆疊成四座奇特的鹿角門亦是不足爲奇之事。

入夜以後，華燈初上，傑克森小鎮每一家商店都綴滿了各式燈光，有的從屋頂斜掛下無數小燈，把可愛的木屋造型在黑夜中以燈光勾畫出美妙的輪廓線條，有些以閃爍的霓紅燈吸引行人的注目；有些以新奇的櫥窗設計，由室內透出溫暖的燈光向你招手。鮮花處處，音樂沿街飄送，好一個迷人的小鎮夜景！

我們九個同學走在小鎮上，一面讚美小鎮的可愛，一面訴說自己的小心願。鴻灑說：「我想買件T恤！」麗茹說：「我想買件名牌襯衫。」我說：「我想喝一杯露天咖啡座的咖啡！」教婉說：「妳們還沒有吃過美國冰淇淋，今晚我請客！」結果我們在專賣牛仔褲和T恤的商店裡買到印有鴛尾花圖形的T恤，那些紫藍花朵實在太鮮麗了，於是人手一件，竟成了我們從竹師畢業三十四年後的新「班服」，並且相約第二天大家一起穿班服拍照片。這裡是懷俄明州，本州的標誌即是Cowboy「牛仔騎馬」之英姿。因此，許多家商店都在賣千奇百怪的牛仔服裝，包括帽子、皮帶、馬靴等等。

行經一家照像館，我深深地被窗內景象所吸引，裡面有一家人正在拍全家福照片，他們穿著一百多年前的古裝，女主人穿著歐式大蓬裙，頭戴美麗的寬邊花帽；男主人也是牛仔裝、呢帽、馬靴；幾個孩子也都手持獵槍，威風凜凜，酷似約翰韋恩的模樣；女士們儀態萬千，婀娜多姿，使我想起珍妮佛瓊絲，主演的「太陽浴血記」，我們被這幕鮮活的景象所吸引，彷彿看見小鎮一百多年前的人物又復活了，眞不敢相信自己的眼睛哩！要離開這櫥窗時眞有些依依不捨，事後，我和鴻灑不約而同的說：「剛剛好想也進去拍一張美國古裝照片，那該多有趣呀！」

稍後，又逛進一家專售攝影佳作的商店。華麗的店裡展示出許多攝影家的傑作，這些作品大部分以黃石公園、大堤頓公園的高山、湖泊、森林、草原爲背景，所選擇的景物以花卉、鳥獸、駿馬、熊類的生態爲主題，拍攝得趣味橫生，美感十足，這些作品中反映出攝影家熱愛大自然、仁被禽鳥的心胸，他們無形中傳播了保育自然生態的高尙意識，決非我們張貼幾張標語，高呼幾聲口號所能及。

「走累了！喝杯浪漫的露天咖啡吧！」我提議。

「這麼晚了，喝咖啡會睡不著覺！」有人反對。

「我們去享受一客冰淇淋吧！」教婉的意見頗爲合宜。於是穿過花圃，登上二樓，大家享受來到美國的第一份核桃冰淇淋。

次日清晨，陽光燦爛，大伙兒搭乘纜車去登山。山坡上的纜車站美得出奇，歐式建築風格，有歌德式尖塔。山坡上碧草如茵、每株樹下都開滿了一圈鮮麗的花朶，猶如給樹根套上一個花環！

搭乘纜車登上三千多公尺的高山山頂，嶺上狂風四起，眞有「高處不勝寒」之感，冬季是滑雪場，人們從山頂滑向山腳下，享受冒險犯難、快速刺激的經驗。然而現在是夏天，我們只有在涼風中遠眺群山，並回憶導遊前一天所講的一個故事：「你們看，遠處那座冰雪未溶的山峰，多年前一架小飛機載著十幾名乘客撞進雪堆裡，被大雪掩埋了，山勢陡峭，人們無法救援，那架飛機一直在那兒不知經過多少年了，據說某些日子，有人居然看見銀灰色的機翼在陽光中熠熠反光哩……」

相信上面的罹難者長年冰封在雪裡，將來有一天若是挖掘出來，必定屍骨完好，栩栩如生，而永保當日模樣，而他們的子女或許比他們更蒼老，父母親或已不復在世了，眞是人間悲劇傳奇呢！不過故事結局如何，不知要等到何年何月方能揭曉？

拋開遐想，從山頂眺望山谷，也是視野上的莫大享受。山谷中的河流、草原、牧場、馬群、遠處傑克森小鎮都渺渺小小，卻也歷歷可見。

登高遠眺，令人心情舒暢，想學那美國之鷹到處自由翱翔，學它那卓毅不群的精神，孤傲地停在那斷岩峭壁之上，羨慕它在雲層的上面飛翔，從既高且遠的空中，以銳利的雙眼準確地觀察這片多彩多姿、草木豐美、山川壯麗而深受保護的美國大地之上！

（原載青年日報一九九四、十、十二）

尼加拉瀑布奇觀

從多倫多市區到尼加拉瀑布，車程一個多小時。首先映入眼簾的是彩色繽紛的尼加拉小鎮。小鎮居民約九百多人，而每年卻迎接平均一千二百萬名來自世界各國的觀光客。這小鎮中有世界第一流的旅館，稀奇古怪的遊樂區和五光十色的紀念品商店。戶外處處都像公園，高大的樹木、綠油油的草地，繁花爭艷的花圃，讓你足跡所到之處，盡是詩情與畫意。遊人雖多，但彼此友善，一切顯得優雅而不雜亂，這裡無疑是度假勝地，也是新婚夫婦度蜜月的最佳去處。

這是從小學課本就學過的一個地理名詞——尼加拉瀑布，如今終於有緣親訪，心中的欣悅不免像孩子似的寫在臉上。

尼加拉瀑布有「力之王，美之后」(King of Power, Queen of Beauty)之美稱，今日初見，原來這著名的瀑布竟有兩座，屬於美國的瀑布小一點，有一百三十九公尺寬，五十八公尺落差，呈平坦且闊的簾幕形，屬於加拿大的瀑布大多了，有八百四十公尺寬，五十三公尺落差，呈彎且闊的馬蹄形，上游的安大略湖的湖水經過瀑布後，流入三十八公里長的尼加拉河再注入伊利湖，一座美麗的彩虹橋連接著河兩岸，也連接著美、加兩個自由民主的國家。

當我們穿過彩虹橋，經過小鎮，到達河岸邊時，眼前出現了兩座巨大的瀑布，那嘩啦啦的水聲響徹雲霄，彷彿億萬年以來，從未有分秒時間停歇過。

湖水與河水都激情地奔流，而那兩面由沖激的流水奔瀉而成的水濂，像世界最大的新娘面紗，又像世界最大的水之舞台，恆久的拂動、喧嘩著。水珠是億萬個容貌相同的演員，永遠激昂慷慨地扮演它們的角色，作了最偉大的水之舞的表演，它們似乎驕傲地向世人宣告：大山和陸地可以靜默無語，永恆不移；而我們水，則是無時無刻、分分秒秒都在動著，我們可以緩緩地流，唱著催眠之歌，我們也可以激烈奔跑，高聲咆哮，像海裡的怒濤，岸邊的駭浪。我們是全世界最著名的瀑布，我們的怒吼聲驚天動地，教人們畢生難忘！

乘船遊瀑布時，加拿大船上的遊客一律穿藍色雨衣，美國船上的遊客一律黃色雨衣，以茲區別。乘船航行在兩座瀑布間的感覺眞好！位於美國的平且闊簾幕形的瀑布有如懸掛在崖壁上的巨大飛簾，密實渾厚雪白的流水由高處飛騰而下，驚濺起無數的浪花與水珠，遊艇靠近時，涼風陣陣，水珠飛揚，若不穿著雨衣保準淋成落湯雞。船過瀑布，陽光穿過水珠在尼加拉河面上出現一彎亮麗的彩虹，色彩清晰艷麗，以優美的半弧形姿態橫跨在尼加拉河上，這美麗的彩虹贏得船上遊客們的驚呼與頻頻讚美！驚呼的是它原本遠在天邊，而今卻近在咫尺的河面上；讚美的是唯有這麼壯觀的瀑布加上燦爛的陽光，才會形成此一宇宙間的奇景。

遊船緩緩向位於加拿大的馬蹄形瀑布駛近，小小的船猶如進入巨人的臂彎，愈近瀑布愈令人既驚且懼，只見那馬蹄形的崖壁上，安大略湖的湖水猶如千軍萬馬般的由此缺口奔騰而下，形成巨大的半圓形水濂，瀑布從四百八十公尺寬的大缺口，以雷霆萬鈞之勢直瀉到五十三公尺以下的尼加拉河上，那種洶湧澎湃如排山倒海的氣勢，挾帶著狂風驟雨，吹得人人站立不穩，身上的輕薄雨衣，像要凌風飛去的樣子，那種驚懼震撼的感覺，眞教人永生難忘！抓緊船舷，以防跌倒，仰視造物主的奇妙傑作，也低頭俯視遊船在浪花與風中動盪搖晃，不禁體會到大自然的神奇奧妙，頓感人類的渺小一如螻蟻，站在這同一艘船上，不分聖賢才智平庸愚劣，都得在上帝面前俯伏謙卑，深自惕勵啊！

正在感喟之間，第二道彩虹又驀地映現於眼前，這一次是絢麗的斷虹，一半被水花、煙霧所掩蓋，一半既粗且亮地浮現於空中，光潔瑩麗、似眞似幻，彷彿伸手可以觸摸呢！

僅僅二十分鐘的乘船遊瀑布，既可近觀兩座大瀑布，又可飽覽兩旁神奇的彩虹，眞是生命中最驚心動魄且瑰麗無比的一頁啊！

黃昏後在堤邊散步，一面欣賞小鎮的華燈初上，一面流觀河對岸兩座瀑布像兩匹雪白的絲帛在狂風中嘩啦啦地震動著，熱情的河水一如白晝的回應它們，像是反覆無休地唱著一首永恒之歌……

河堤上遊人如織，紅男綠女們都被眼前所迷惑。我們同學十人，且走且聊，數十年的友誼猶如美酒愈陳愈香、愈陳愈濃。這次同學會，由台灣到美加地區旅行，能先後會合十一人，眞不是一件平凡的事。

當夜暮低垂，大地一片漆黑時，尼加拉小鎮各種新奇的霓紅燈更耀眼了。從高塔上投射出紅、黃、藍、白、綠的五彩燈光直照到兩座瀑布上，每隔十餘分鐘變化出一種色彩，使得尼加拉瀑布展現出更嫵媚的暗夜奇觀。

十個人不久被瀑布帶來的一陣水霧給沖散了，只剩下我們五個同學，彼此手牽手唯恐再度失散。我們又去逛那燈火輝煌的禮品店，眞的是流連忘返，直到午夜十二點，才離開這不夜城去尋找河畔的旅館。旅館外，美麗的雕像座落於層層花圃中，暈黃的燈光由地面射向天空，把旅館映照得美麗非凡，這家旅館華麗如宮殿，古典的大廳、馬蹄形的半圓樓梯，都使人恍若走進古代歐洲的城堡中……。

及至開了房間門，拉開窗帘，卻又驚喜地發覺：兩座瀑布正好鑲入窗景中，今夜，它們將陪伴我們入眠。

（原載青年日報一九九四、十二、三）

那一夜，我們在紐約

那一夜，我們在紐約做了小小的探險：我和老同學葉鴻灑脫隊跟著在紐約求學的女兒，去看一場嚮往已久的百老匯歌舞劇。

傍晚六點整，我們在帝國大廈門口脫隊，三個人開始自由自在地逛街，反正天還沒黑，先別緊張！紐約街上那聳入天際的高樓大廈、百貨公司的華美櫥窗設計、最新流行的服飾和各色人種的人潮，對我們而言都極具吸引力。

半個月隨團旅行，大魚大肉吃多了，我們渴望嘗嘗美式速食。女兒帶我們走進一家速食店，食物琳琅滿目，座位卻只有四五張小桌子，三個人享受剛烘烤好的麵包、蛋糕，配上新鮮果汁，外加一份減肥冰淇淋，不但口味新鮮，算算價錢比台北還便宜。

聞名已久的「百老匯」終於到了。這條街有許多家戲院，「歌劇魅影」已上演六七年仍盛況不衰；「貓」和「孤雛淚」也很熱門；女兒的朋友早於半個月前爲我們預購到「西貢小姐」的票，此劇也大受歡迎，演出第四年了。

晚上七點半開演的戲，觀衆在七點鐘就開始陸續湧現。他們很守時、守秩序，絕不高聲喧嘩。男士西裝革履，儀容整潔；女士則盡情打扮，各式各樣的晚禮服出現了，時髦的髮型、閃亮的珠寶，衣香鬢影，婀娜多姿。這是一場出色的紐約服裝秀，也是我們欣賞百老匯歌舞劇的意外收穫。

此外，劇院的富麗堂皇，一如歐洲歌劇院的場面。豪華的大廳裡有酒吧、歐式沙發供觀衆應酬享用。女性的化妝間，一半是廁所，一半是眞正的化妝室。紅絲絨的高級沙發，鮮花處處，點綴得高雅宜人，許多金髮或褐髮、碧眼的美女站在鏡前忙著補妝、整理儀容，或搔首弄姿，竟使這寬敞的化妝室有如本劇的一齣「開胃」好戲！

「西貢小姐」劇情複雜，除男女主角外，配角人物數十人，場景變化繁多，可說是很難處理的一場舞台劇。

令人炫目的不僅是舞蹈、化妝之精良，尤以布景變化之快速、燈光變化之美妙、音響效果之震撼，更令我嘖嘖稱奇。例如：美軍撤離越南的倉皇失措場景，連直升機都降落到舞台上；妓院老闆在淪陷區作「美國夢」時，一輛豪華轎車也馳上舞台；若非科技進步，百老匯的歌舞劇絕不至於發展到這種地步！

在動人的歌聲與舞姿、扣人心弦的故事發展、閃爍璀璨的燈光和佈景不停的變化下，這齣類似「蝴蝶夫人」的悲劇終於落幕了，並且賺得不少觀衆滾滾熱淚。

散場後，走在冷清寂靜的紐約街頭，時間已近深夜十一點了，我們開始緊張地搭地鐵，找出口。一度曾經迷失方向，偏又看見地鐵門口四五個黑人正閒散地擋住大門，不免又驚又怕。幸好女兒的方向感及時恢復，不久順利地找到居停的旅館。

紐約，就是這麼一個又迷人、又令人緊張害怕的大都會！（原載聯合報一九九五、七、二）

拜訪「飄」的故鄉——亞特蘭大

我們八位竹師同班同學：智慧、雪香、鴻灑、淑英、淑華、麗茹、碧貴和我，在參加加拿大、美東旅行十二天後，全體脫隊，赴亞特蘭大，拜訪住在該城的鄭教婉和羅昭容兩位同學的家。我們和原來的領隊「加菲貓」（胖胖的杜先生，一雙似睡的眼睛，像極了加菲貓）及團友們互道珍重再見，之後便由亞特蘭大的地主同學鄭教婉擔任新領隊了。一下飛機，教婉的先生清風醫生和兒子夢豪以及另一地主羅昭容同學，立刻熱忱的前來迎接我們。

亞特蘭大機場非常大，為了旅客拖拉行李方便，機場還有地鐵設備，進了車廂，一切由電腦自動操作，有機器人般的聲音向旅客播音，逗得我們忍不住地大笑。有人開玩笑說：「我們是來考察一九九六年世界奧運會的台灣代表！」

亞特蘭大晴空萬里，艷陽灼人，氣溫大約比台北低兩、三度，但卻涼風徐徐，乾爽而不流汗。這兒是喬治亞州的首府。喬治亞州面積有台灣的四倍大，人口卻只佔台灣的四分之一，最近精明的日本人已看中了此地，開始投資並移民。離開高樓林立的市區後，便捷寬闊的公路引導我們的賓士、凱迪拉克等三輛豪華轎車向鄉間駛去。公路兩旁是天然森林，清芬的空氣撲鼻而來，有「鹿」形的標誌時而出現，據說許多人都有撞到鹿的經驗，為了閃躲無辜的鹿群，竟然發生不少意外車禍。

森林中的家園

森林約佔亞特蘭大的十分之六，平原上可見河流與湖泊，人煙稀少，車行一個多小時，我們進入一棟棟距離頗遠的住宅區，在濃密的森林與碧草如茵中，一棟華美的粉紅與米色相間的木屋，安祥地座落於林間綠地上，車子終於停了下來。

「哇！好美的房子！好幽靜的環境！」蒼松、翠柏、修竹、蘋果樹、梨樹、柳樹，環繞著屋宇，遼闊的草地上有可愛的花叢和一方主人最得意的玫瑰園，數十株玫瑰爭奇鬥艷。這是教婉最愛的花。也是王醫生對妻子終生不渝摯愛的象徵。庭院約佔地三千餘坪，遠處可見低矮稀疏的欄杆，幾頭牛正悠閒的低頭啃吃欄外的青草。

進入室內，教婉要我們抽籤決定各人使用的房間，我和鴻灑抽中他們小兒子的臥室，放下累贅的大行李，大家開始欣賞他們三百多坪的大房子。大客廳的長窗讓我們的視線走入森林中；各類中西名畫與擺設都兼具東西文化交流的風格，且高雅有緻。起居室的歐式家具、中式古董家具都氣派非凡，一架名貴鋼琴是三個孩子成長期學習才藝的紀念品。

餐廳、小客廳都精緻宜人，男主人的花鳥、翠竹國畫掛在牆壁上，幾乎可與名家媲美。健身房的屋頂設有許多天窗，藍天白雲仰頭可望，裡面有溫水游泳池、乒乓桌、健身器材等。又特別栽種許多綠意盎然的植物點綴於四週，這個家設備之完善、藝術氣氛之濃厚，令人讚不絕口。

我們悠閒自在地住在這裡四天之久，也深入地分享他們的美式生活，其中我最欣賞的是中央空調系統、完善的電器化廚房、與大自然融合爲一的室內設計。他們稱我們來自台灣的八位同學爲「八仙過海」；我們也毫不客氣地接受熱情的款待，誰教我們曾是三十四年前的同班同學嘛！

黃昏時林間散步

早晨的露珠兒令人驚喜，黃昏時的散步更令人難忘。王醫生熱心地帶我們去打高爾夫球，平生從未摸過球桿的我們，在他精確的教導下，八個人都分別打中了第一球或第二球；想想回國後可能沒有機會再學下去，因此，自己反而愛上了那打高爾夫球時，在鄉間往返，走在森林中的感覺。赤腳走在青草地上，草的柔軟、土的濕潤、林間空氣的舒暢，才是生活在台灣的我們最珍惜的東西。

歸途中，路上只有我們一行人，兩人一組，排成長長的隊伍，哼著老歌曲、談著當年在竹師的往事，星光兒在夜空閃爍，各種鳥兒在巢中咕嚕咕嚕地彼此呼喚，蟬鳴蟲叫交織成一片。童年曾見的螢火蟲在路旁輕舞，忽明忽滅。經過稀疏的住宅時，寂靜無人，我們的腳步聲又驚動人家的狗兒，引得遠近一片汪汪不絕的吠聲，一幢幢森林小木屋透出溫暖的燈光，不禁使我聯想到白雪公主和七矮人的故事。

亞特蘭大的鄉間眞是詩情畫意，令人長久相憶。

幽靜的維斯湖畔

維斯湖位於喬治亞州邊緣的阿拉巴馬州境內，距教婉家車程僅半小時，是他們家釣魚、開汽艇的休閒地區。湖畔住著一對老夫婦希爾先生和路德女士，王醫生是他們的家庭醫生，他們是王家的忠實朋友。他們準備豐盛的鄉村式晚餐來款待我們，整個下午陪伴我們享受維斯湖畔的寧靜美景，猶如「湖濱散記」一書中的詩意。聽說希爾先生年輕時像極了詹姆斯史都華，走到那裡都有影迷前來打招呼，而現在即使滿頭銀絲也依稀可見當年丰采；路德女士紅紅的臉蛋慈祥而略帶羞澀，也一直陪伴我們。這對老夫婦長住湖濱，那種悠閒與幸福的晚年歲月，令人憶起電影「金池塘」裡的劇情，正在眼前重播呢！

維斯湖碧波盪漾，湖區大得令駕船者往往迷失方向。王醫生熱心地教我們第二課——駕駛汽艇。兩人一組，大家即使穿上救生衣也還是緊張又害怕。但是既來之，則安之，一向不會開車，又不會游泳的我，也和鴻灑一組硬著頭皮登上汽艇，在王醫生的指導下，駕船向前、倒退、轉彎、加速、減速、停泊等技巧都學會了。我們這群年過半百的老同學，有的在快艇上尖叫、歡呼；有的在碼頭上等候、拍照，鼓勵膽小的，讚美膽大的，真夠吵鬧，但維斯湖太大了（相當於三千萬坪土地），這一丁點兒喧鬧又算得了什麼呢？

希爾先生又用大型平底船載我們全體遊湖，並介紹湖對岸住著他的女兒一家，又有一大片湖濱土地出租給旅行車住用，美國人愛旅行，長長的旅行車拖著他們的「家」，找到合適的地方便住下來，或一年或半載，過著遊牧民族式的自由生活，這湖濱便吸引不少人家住了下來。

希爾先生帶我們採蘋果與梨，他們的果樹沒用農藥，不必用水沖洗就可食用。這幾天一切入境隨俗，喝生水、吃樹上的果子，均不瀉肚。我們參觀了罕見的棉花田，欣賞那白色、淡黃、淡紅的花朵，與堅硬的果實。教婉此時忽然想起我在新疆沒吃到的新鮮無花果的遺憾，立刻請希爾夫婦帶我們去採無花果，嘗嘗那初摘下來的新鮮甜軟滋味。

第三課學釣魚，黃昏時分，雪香釣到一尾鱸魚，大家又是一陣驚呼與圍觀，拍照存念之後將魚放生。碧貴與淑華在希爾家前廊盪鞦韆，智慧與淑英去採藍莓和葡萄，我則坐在面向湖面的躺椅上，享受如夢似幻的新奇感覺。

這一天，我們穿著從傑克森小鎮買來的鳶尾花或向日葵T恤，戲稱爲「班服」，十個同學站在湖畔木橋上快樂地拍照，還擺出當年載歌載舞的美姿，竟眞忘記自己的年齡和兩鬢的斑白了。

南北戰爭紀念館與可口可樂博物館

最後三天，大隊人馬又開往亞特蘭大，住羅昭容家。她的丈夫何智達醫生，也同樣熱忱好客。兩位醫生爲了招待我們，都輪流休診，損失不少收入。在他們的帶領下，我們尋找當年拍攝「亂世佳人」的村鎮，可惜那兒已修築了不少豪華宅第，實在難以尋覓昔日風貌了。

接著參觀南北戰爭紀念館、美術館、高級百貨公司、以及可口可樂博物館。南北戰爭在亞特蘭大之戰役最爲慘烈，是勝敗的轉捩點。南方在李將軍領導下，雖敗猶榮，亞特蘭大政府請了畫家、雕塑家將該場戰役畫成一幅長條形巨畫，安置在一個圓形旋轉廳裡，觀衆坐在中央舒適的座椅上，一面聆聽解說員講解當時戰況，一面隨著觀衆慢慢旋轉，在燈光、音效的配合下，以三百六十度的角度身歷其境的去欣賞這幅巨畫；其中最令人稱奇的是：畫面與觀者間安置許多戰爭中將軍、士兵、武器、戰場等模型，栩栩如生，使觀者分不清那些是遠處的圖畫？那些是近處的雕塑？其間的分界線又在何處？

南北戰爭中使用過的火車、大砲、軍服、刀劍、勳章、旗幟、文書等都珍藏於此館。

「可口可樂博物館」在市區中心，不分早晚，入口處永遠大排長龍，花五元門票，可參觀可口可樂公司從本市發跡，一百多年來的成長歷史資料。最喜歡看一百多年來的可口可樂海報的演變，海報上時髦的模特兒由一百多年前的崇尚肥胖豐滿，到今日的崇尚纖瘦苗條身材，衣衫、帽飾極端的改變都令人嘖嘖稱奇！各類包裝瓶瓶罐罐的演變、製造可口可樂的過程、和電影說明會等等都值得一看。

最教人值回票價的是，你可以儘量飲用六十二種不同口味的可口可樂，有希臘人、義大利人、阿拉伯人、印度人、非洲人、墨西哥人……各國人嗜好的口味；也有小藍莓味、櫻桃味、荔枝味、香蕉味、苦瓜味等各種果菜味道的可口可樂（非洲人嗜飲一種古怪的苦澀味）。由於胃容量有限，每種口味即使只喝一口，也嚐不完那六十二種不同的口味。那兒懸掛著各國的廣告，當我們好不容易地找到「台灣」這個名詞時，內心才眞正舒坦起來，因爲他們賺取我們太多的外匯了！

石頭山與雷射秀

亞特蘭大的「石頭山」是世界第二大巨石，據說第一巨石在美洲。此石由花崗石構成，山高一百三十呎，周圍有茂林、碧池與綠茵。光禿禿的橢圓形巨石，遠望過去，猶如一隻龜背從綠色大地裡冒了出來。山壁上有巨大的浮雕，雕刻著南北戰爭中三位南軍敗將騎馬英姿，正中間的那一位便是深受南方人民敬愛的李將軍，擔任南軍統帥，他本人原是支持林肯總統解放黑奴政策的，但南方人民需要他，出身西點軍校的李將軍只好為家鄉父老效命了。李將軍的雕像從頭到臀部有三十多呎長，他的馬有一百多呎長，雕於石頭山的畫面積佔三萬畝，深度有四十二呎。動用許多著名雕刻師以噴氣筒來雕刻，由於山壁光禿，必須搭乘相當於三十六層高的電梯上去工作。此一浮雕幾番修改、停工，歷時近五十年，於一九七二年始完工。南軍雖敗猶榮，喬治亞州「不以成敗論英雄」的精神值得我們深思與效法！

一九五八年，州政府買下此山，一九六三年闢為公園。近五、六年的夏夜，又在石頭山公園放映雷射秀，是本地最大的特色，因此，也是教婉替我們安排的重要節目之一。

七月廿九日，我們一群人同登此山。先乘纜車登山，山下有觀光小火車繞行，山頂平坦開闊，只有幾株小樹從石頭縫隙中生長出來。從這裡遠眺亞特蘭大市區，那些叢林般的現代高樓在天際灰濛濛地隱隱浮現，似眞似幻，此時惟有以「海市蜃樓」一詞來形容它了。

近處是公園、美池、森林與公路，鬱鬱蒼蒼；涼風徐來，視野遼闊，直望天際。我們坐在凸起的石塊上或高歌、或聊天，幾乎忘了自己置身於一塊世界第二大的巨石之上。此時眞有我欲乘風歸去之感。

晚餐是在山下面向著三位將軍的浮雕前的草地上吃的，那兒早已是人潮洶湧，家家帶著毯子、躺椅、食物，團團圍坐，享受野宴的樂趣。飯後，我們也躺了下來，耳邊是歡樂的「美語」與笑聲，眼中是亞特蘭大的星空，充滿了異國風情。

九點多，天已漆黑，此時一道道的雷射光彩色繽紛地投射到李將軍等的浮雕上，以那塊浮雕爲大銀幕，千變萬化的雷射光便開始表演了：有大型字幕橫行出現、有卡通人物、有動態圖案、有頑皮精靈故事、有愛州愛國歌曲，都在熱門音樂配合下一個個演出，其中有些節目還施放煙火助興，製造更熱烈的節慶般氣氛。當然，我們也孩子似的歡叫、按節奏拍手，短短一個多小時的雷射表演，留給我們不可磨滅的回憶。

一九九六年的奧運將在亞特蘭大市舉行，他們的市民正在期待那全世界矚目的日子，而我們這批非正式的考察團，核定說：「奧運會沒有選錯地點！」

（原載國立台北商業技術學院校刊一九九四、九）

亞特蘭大的奇妙之旅

我們竹師懿風班同學一行八人，在美國喬治亞州的首府亞特蘭大，接受住在該城的同學鄭教婉與羅昭容的熱情款待。十個人每天形影不離，一如三十四年前住校的情誼。兩位地主同學的先生也都恰好天性開朗好客，眞教我們有賓至如歸之感。教婉和她的先生王清風醫生，除了無微不至的招待外，還安排我們學習打高爾夫球、駕駛汽艇、釣魚，以及如何吃大龍蝦等活動。

緊密的主要節目是：參觀亞特蘭大美術館、南北戰爭紀念館、可口可樂博物館、白瑞大學、登石頭山遠眺全市美景、看雷射表演。此外，教婉和她先生還安排了溫馨感人的活動：拜訪隱居山頂的教婉的母親，她白髮紅顏、健康快樂，以及奉養老人家的教婉的兄嫂，他倆恩愛幸福，過著豪華的現代隱士生活。安排維斯湖畔一對美國老夫婦，請我們吃鄉村式晚餐。又參加鄰居傑瑞、芭芭拉夫婦的盛宴……。

芭芭拉的盛宴

傑瑞和芭芭拉夫婦是教婉和王醫生的鄰居兼好友，知道我們八位同學遠從台灣來觀光，於是在教婉家人陪同下，邀請我們一次難忘的美的盛宴。

事先教婉為我們簡介傑瑞在保險公司上班，芭芭拉在本地一家最大的銀行工作，兩人年已半百，膝下無子女，但卻佈置了一個精緻動人的家。芭芭拉熱情好客，什麼好東西都可讓你欣賞，甚至會打開衣櫥，讓你欣賞她的漂亮衣裳……。此外，她還搜集一切美麗的東西……。

芭芭拉的家坐落於樹林間一大片綠茵之上，與近處三、四家鄰居遙遙相望，彼此分享著綠地與周圍的樹林，因此並不設籬笆或花牆。鄰家的小男孩和芭芭拉家的四隻愛犬自由自在地在地上嬉戲。一株無花果樹、幾株正在結果的葡萄藤點綴著青翠的大地。傑瑞體格稍胖，面色紅潤，一副樂天派的樣子：芭芭拉是一位出色的美女，高䠷的身材，一襲茶色的絲質衣褲，靈活的大眼睛、豐富的表情，脖子上繫著湖水綠的絲巾為蝴蝶結，她的時髦而俏麗的打扮，高貴中不失端莊，愈看愈有好萊塢大明星的丰采。

他們熱忱地歡迎我們，奇妙的歡迎式是在窗明几淨的客廳裡舉行的，傑瑞和芭芭拉教我們手拉手圍個圓圈，低頭閉眼，瑞傑以英語祈禱，求上帝賜福給每一個人，原來這是一個基督教家庭，充滿了慈祥和溫暖。

芭芭拉準備晚餐似乎輕鬆得很（其實早已烘烤好了），一面還和教婉帶大家參觀他們每一個房間，這個家充滿了愛和美。芭芭拉喜歡旅行時搜集一些可愛的東西，舉凡世界各國的小洋娃娃、水晶飾品、水晶酒杯、各種金銀餐具、各類不同品牌的小香水瓶、各國飯店的小火柴盒、小香皀也都用小籃子盛滿、包紮好，並展示出來。

爲了讓我們驚喜，她居然在臥室床上撐起一把中國油紙傘爲裝飾！

房內各桌几上都有名貴的雕塑品和可愛的燈座。牆上的名家畫和自己的作品幾乎平分秋色。教婉還代替她打開衣櫥讓我們參觀芭芭拉的華麗衣衫、不同款式的鞋子，那是爲了搭配衣服用的。

晚餐桌早已鋪上中國繡花桌巾，中央放置一盆粉紅康乃馨，還繫著粉紅綵帶，花盆泥土上插上幾朵野菊花。盆邊放兩隻兔寶寶（陶藝品），顯得生趣盎然，富有巧思。鍍金的湯匙、刀叉閃閃發光，美麗的餐盤和冰品飲料都準備好了。

吃飯時，更令我們驚訝，傑瑞和芭芭拉不吃，只是像侍者一樣一道一道地爲我們上菜，這使我們大爲不安，芭芭拉說她要以貴賓之禮款待我們，叫我們安心享用。教婉也鼓勵我們乖乖聽主人的吩咐，盡情享受。

芭芭拉的盛宴，第一道是自製的奶油磨菇湯，配上一塊小蛋糕，既香濃又美味，尤其第一次用金湯匙喝湯……。第二道是男主人親自做的櫻桃果凍沙拉，甜美而開胃。第三道是主食，一大片煮鹹肉配上香脆可口的麵包。第四道是教人讚不絕口的甜點——巧克力派。每道菜由男女主人親自端來，吃完後，空盤又由他們端回去。此時，我們恨不得起身幫忙，但既被尊爲「貴賓」，又怎敢貿然造次，破壞主人的美意？只得細嚼慢嚥，品嚐著這一生難得一次的別緻盛宴。記得有個電影「芭比的盛宴」，看得令人垂涎欲滴，如今卻意外的在美國享受到「芭比的盛宴」，眞要驚呆了，電影中的場景怎麼變成現實的人生了呢？

等我們十二人都吃飽了，傑瑞夫婦還是沒吃晚餐，教婉說：「沒關係，他們等我們走後再吃！」由此可見他們兩家人交情之深、默契之厚了。即使在台灣，我們也絕不可能帶八個外國朋友到朋友家去作客，而讓朋友餓著肚子像侍者般的爲陌生客服務啊！這晚宴除了食物精緻可口，餐具高貴，室內充滿藝術氣氛外，最重大的意義讓我們了解到了什麼叫友情？只要以摯誠交朋友，友誼是無國界的、友誼是愛屋及烏的、友誼是犧牲奉獻的。

飯後，大家在青草地上散步，欣賞他們屋前的森林，屋後的花圃和廣大的綠茵。木屋牆邊栽種了一圈鮮麗的花卉，猶如替木屋戴個花環。一隻高大的牧羊犬和三隻淘氣的小黑狗玩在一起，高興地追逐著、打著滾，又向主人頻頻撒嬌，說也奇怪，連狗兒們也似乎好客，從未向我們這群陌生人吠過一聲呢！

聽說瑞傑和芭芭拉的東南亞旅行要來台灣幾天，我們便約好時間準備在台北恭候，並以道地的中國菜宴請他們，當然更要以貴賓之禮相待！

恰塔呼奇河畔的歌聲

最後三天，我們移師住羅昭容家，又把他們忙得團團轉。兩位醫生，兩位亞特蘭大女主人，每天帶我們暢遊亞特蘭大，並時時不忘帶我們這群媽媽們逛百貨公司、超級市場享受購物之樂。

臨別前一天，何醫生和昭容在一家位於七十二層的高樓旋轉餐廳，請我們一面吃牛排，一面俯瞰全亞特蘭大市區的建築，但見各種造型的現代建築與便捷的公路交織成一幅巨型都市圖案，一列長達一百四十餘節的運貨火車，長得令人吃驚！電影「亂世佳人」裡的時代背景全都消失了。這是嶄新的二十世紀末，古老的歲月正如「飄」的書名，一去不回。

這一天黃昏，臨別的氣氛已逐漸降臨。兩家主人不斷地邀約我們兩年後再去參觀一九九六年奧運會。但我們豈敢這麼快便再度打擾？只好相約六年後，即竹師畢業四十年的同學會再赴亞特蘭大舉行。不知那一位同學說：「六年後，我們不快要六十歲了嗎？」一時之間，大家感慨萬千，更加珍惜這份老而彌堅的友誼。

何智達醫生提議要把握這臨別前的黃昏，到附近河邊散步。這條河名叫「恰塔呼奇河」，是早期印地安人以他們的語言命名的。亞特蘭大市區的形成因此河而興起，它的功能一如巴黎因塞納河而興盛。然而塞納河遠在歐洲，此河卻在何醫生和昭容家園附近。

只是第一眼，我們便深深地被恰塔呼奇河迷住了！

恰塔呼奇河河面甚為寬廣，流經此處正好是一個美麗的轉彎，我們不知它從何處來？它又往何處去？那看上去幽靜蜿蜒的河面似乎沉沉欲眠，而岸邊近處的流水不急不徐地潺潺流動，嘩啦啦的聲響彷彿告訴我們它是永不休歇的，它是大地活躍生命的象徵，人類一代一代過去了，而這古老的河依舊喃喃低語，又忽而輕柔地歌唱，安慰著人類的子子孫孫……

寬廣的河兩岸長著密密實實的樹林，也許是松柏，也許是其他的樹木，在夕陽光線一層層地減弱時，沁涼的幽靜河面，由遠處升起一團團輕柔的濃霧；初見時猶薄且淡，我以為是黃昏的暮色，古詞中的「暮靄沉沉楚天闊」的「暮靄」，「暝色入高樓，有人樓上愁」的「暝色」，又彷彿是「秋水暮煙」中的「暮煙」。但這薄霧愈來愈濃，輕輕飛動，逐漸蔓延，左邊河岸灘不遠處有幾個人或立或坐，原本清晰可見，不久他們的身影便籠罩進霧中，乳白色的霧由淡到濃，人影逐漸迷濛、隱隱約約，那如詩如畫的感覺深深地震懾住我們的心！

我們不自覺地唱起當年在竹師所學的老歌曲：「幽靜的岸灘」，這首歌恍如爲眼前美景所作的，歌詞如詩般美妙動人：

在那最幽靜的河岸灘，
它上面生了許多野茴香，
還有那蓮馨花和紫羅蘭，
在風前點頭還在吐芬芳。
啊！這美景只合給神仙欣賞！
有一個晚上，
來了一位仙女王，
她休憩在花下，
她跳舞在河畔，
她越舞越酣暢，
羅衫兒都飛揚，
她，跳啊！啊……

——跳舞在河畔……

接著大家又唱「蘇羅河流水」、「蘇連多」、「阿頓河慢慢流」、「羅蕾萊」等世界名曲，想不到在中學時代所學的歌曲竟有這麼多首與河水、海洋有關的，如今面對「恰塔呼奇河」迷夢似的美景，竟將古老的歌曲，一首首地從塵封的記憶裡牽引出來……。我們這一群年過半百的老同學：鄭教婉、羅昭容、吳淑英、高智慧、葉鴻灑、王雪香、劉碧貴、陳麗茹、莊淑華和我，不知不覺地穿越時光隧道，回到三十四年前的少女時代。兩位同學的先生，大約早已被我們的歌聲與熱情所感動，身爲「非同班同學」的他們，此時也自然成爲竹師懿風班的成員了，看他們放下醫生身段，和我們融洽如一家人的樣子，我想竹師懿風班的「女婿們」也早該加入我們的陣營了！

我們倚著木橋欄杆快樂地歌唱，希望臨別的感傷化作美麗的歌聲，永遠在恰塔呼奇河畔盪漾；生命中最美好的時光，雖然短暫，卻足以永恆！

（原載青年日報一九九四、九、二）

紐約遊蹤——尋訪四十八年前的恩師記

書櫥裡堆滿了各式各樣的大小相簿，彷彿是寫家族史的最好素材；其中有一本紅絲絨封面、最嬌小玲瓏的相簿，是我生平第一本相簿，也是小學時代的僅有回憶。其中有十餘張小小的人頭照，都是我的老師和同學臨別時贈送的。

我最敬愛的小學四年級時代的恩師俞敬群老師，他的照片貼在正中央，其餘的同學則貼成個小圈兒環繞著他，個個都是「大頭照」，在那遙遠的年代裡，誰會有手攜式自動照相機啊？俞老師當年英姿挺拔，兩眼炯炯有神，大約二十歲左右，他用愛的教育管教我們，以公平、無私、誠懇、博學的人格特質贏得了全班同學的尊敬與愛戴。

我們讀的學校「新竹空軍子弟小學」是新竹眷村子弟們的專屬小學。每天上學以軍用卡車接送（因眷村分散極遠），卡車太高，由司機伯伯一個個抱上抱下，滿車沙丁魚般的小朋友，又擠又鬧地給送到了學校去。

老師們有的是從大陸來的老學究們，有的是臨時聘請的飛行員的太太們，很少有像俞老師這樣出身師範學校，既年輕、又懂得教學方法的好老師。上課時，你幾乎得適應各省方言的發音：山東話、江蘇話、河南話、湖南話、四川話紛紛出籠，眞是百家爭鳴，使我們的耳朶忙不過來。自然，我們也聽懂了俞老師的浙江話，這濃濃的鄉音，縱使我在闊別老師四十八年後，重逢時，雖已不敢相認，但那濃濃的浙江口音，誠懇而活潑的語調卻是一些兒也未曾改變的！

學校裡，每個小朋友的家庭背景都各不相同的，因爲每個人的父親在新竹空軍基地擔任的工作不盡相同：有聯隊長、大隊長、飛行員、軍官、士兵等階級。因此，同學們的相處是要分外小心的，如果你不小心惹火了一位同學，而他的父親剛好是你父親的長官，那麻煩就大了，孩子們不知天高地厚的口角，往往引發雙方家長的「霸氣、傲氣」或「忍氣吞聲」那滋味可就不好受了！我父親是軍中的一名機械士，常常告誡我要多讀書，少說話，要懂規矩，也千萬別在意某些老師的「不公平」！

我在空小三年級時，學期成績名列第一，學校要在大會中表揚我，並且將頒發一筆「十二元」的巨額獎學金（相當於父親當年半個月薪俸）。在頒獎的前一刻，導師沙老師對我說：「頒獎時，妳不可上台領獎，他們會報楊××第一名，他領完獎後，獎金仍舊會給妳的！」我當時才九歲，既不懂人情世故，又不敢反問老師這是什麼道理？只好傻傻地排在班隊行列中，眼睜睜地看見同學楊××取代我上台領獎，並贏得了全校掌聲；當我看見頒獎人正是本校董事長，也是當年赫赫有名的大隊長——飛虎將軍「楊老虎」時，我才恍然大悟，原來他是楊同學的父親呢！後來，我從導師手中領到了獎學金，但幼小的心靈中，第一次體會到人間居然有如此不公不義的人與事！

升上四年級後，換了新來的俞老師。他關心每一個孩子，走訪每一個家庭，在那交通不便的時代，眞不知他是怎麼做到？俞老師曾對我父母說：「你們這個女兒天資非常好，要多讓她讀書，將來是個人才啊！」我父母經常背誦老師的話以鼓勵我，我母親五年前去世，活到八十五歲高齡，仍念念不忘我這位「俞老師」。

老師將我的座位分配和楊××同坐一桌，安置在全班座位正中央，說我們是一對模範生，要大家向我們學習，絲毫沒有階級意識；讓飛虎將軍的兒子與機械士的女兒並肩學習，同爲模範生，此舉突然改善了班上的氣氛，消弭了階級不平等的潛在殺傷力。難怪同學如此狂熱地敬愛他。我平生擁有的第一本故事書——「小畫家」就是俞老師贈送的；我平生第一次用到的鉛筆盒，造型精美的鉛筆也是俞老師贈送的，這些都已成爲距今四十八年以前的往事了。

六年級時，我考取了「竹師附小」插班生，從此與俞老師失去了聯絡。但那張不知怎麼要來的兩吋人頭照，卻使我珍藏了大半生，這位不平凡的老師也在我記憶深處永遠以年輕、英俊、公義、熱忱的形象存在著。

每讀晏殊詞：「欲寄彩箋兼尺素，山長水闊知何處？」的詞句時，便想到生命中某些重要的人物，往往消失得無影無蹤，即使想寫封信也無地址可投寄，是多麼無奈的事。如果此生能找到俞老師的下落，應屬一大奇蹟吧？

前幾年女兒到紐約唸書，星期假日常到浸信會禮拜堂去做禮拜，在長途電話中不斷提起該教堂的牧師對她很關懷、很照顧。某次返國，女兒帶一本基督教書籍「點燃復興之火」，作者的名字竟是「俞敬群」三個大字！這三字重名的應該很少吧？再看看作者簡介：浙江省人。沒錯！這就更接近了。我再問女兒，這位牧師的身材，像貌和性情、口音，就更百分之百確定：我終於找到恩師了！

去年夏天，女兒極力邀請我去紐約住一個暑假，一方面可陪陪孤單的她，一方面我又可享受美國式生活的樂趣，因此我放棄了嚮往已久的本校「北歐之旅」而改赴紐約。另一個潛在的願望——希望拜訪闊別四十八年之久的俞老師。這個心願不料也居然在這段假期中實現了，如今回想起來眞教人懷疑：這是不是一場夢啊？在半年多後的今天，每念及紐約的一切，恍如一場夢境；而與俞師相逢的事，又如夢中之夢呢！

爲了給老師一個大驚喜，我們事前沒有聯絡他。選了八月十五日，星期天早上去做禮拜。我和女兒一人手捧鮮花，一人帶著巧克力禮盒，我們住的曼哈頓百老匯街第一一〇街往老師的第七十二街教會，坐地鐵幾分鐘便到了。若是走路也不過一小時吧？浸信會禮拜堂的唱詩聲已美妙傳了出來，我和女兒悄悄地坐在後排座位上。

一位白髮皤皤慈祥和靄的牧師開始講道了，女兒說：「這就是俞牧師！」唉！說眞的一點也不像照片中的俞老師了，歲月催人老，世間最無情之物便是歲月吧？

當年我是十幾歲的小學生，如今都五十八歲了；老師長我十幾歲，至少是七十餘歲的老人了。我們師生都老了，能不慨嘆嗎？靜靜地聆聽他的證道，卻發覺他的鄉音未改，他的熱情依舊；改變的是無情的歲月和他的職業：由「老師」變「牧師」；由傳授知識變成拯救靈魂。

散會時，牧師走下講台和教友們握手問好。女兒拉著我上前去打招呼：「俞牧師好！」「哎！張婕呀！怎麼好久沒看見妳啦？」「俞牧師，這位是我媽媽，剛從台灣來，她是您的學生喔！」

我忙獻上鮮花、禮物，激動地自我介紹說：「俞老師，我是您四十八年前的學生張修蓉，讀的是新竹空小四年級，您那時是我的導師，還記得我嗎？」當時我以爲百分之百，老師不記得我了！卻不料聽見老師很快的回答：

「記得！記得！我教過的最好的一班，張修蓉，你不是和楊××坐在一張桌子嗎？你們兩個好學生，我怎麼會忘記？」

我頓時驚訝不已，老師的記性怎麼會如此之好？女兒也訝異，只見她「考」起牧師來：「俞牧師，我媽媽小時候長得什麼樣子？」

「嗯！……白白淨淨的，瘦瘦的，就是不愛講話！」這下可眞說對了，我小時候沈默寡言，似乎天塌下來也不會吭一聲。接下來女兒向牧師誇耀媽媽是個文學博士，牧師高興得放下牧師的身份，重回俞老師的時代。他欣喜地說道：「你們那一班出了三個博士了，妳一個、楊××一個，賓州大學還有一個，我忘了他的名字了！」

「老師，還記得陳安娜嗎？她是師大碩士，後來隨先生來紐約，和先生同在聯合國做事。」

「陳安娜，記得！我記得！我做過家庭訪問，和她父親很熟，她也在紐約嗎？」老師的記憶力驚人，言語反應一點兒也不比年輕人遜色。當下留我們在教會同享午餐。

於是一連串的相聚時光一一安排如下：第二天老師帶師母、外孫女與我們相見，請我和婕兒在中國城午餐；飯後，我請大家到小義大利街喝咖啡。老師和師母輪流敘述他們這幾十年生活的重要大事，我最關心的問題是：老師是如何放棄教職而走入神職的道路？

那一天，最巧合的事是：我們不約而同地以自己的作品相贈，我送他的是散文集「河岸上的艷陽天」，他送我的是「心靈跫音」。我眞料不到我們師生竟同樣喜愛寫散文，尤其難得的是他雖受過神聖嚴格的神學教育，卻仍不改其赤子之心，以他純眞的心境寫出許多牧師們無法表達的眞善美境界來，他活潑的思維可說是打破了牧師們刻板的嚴肅的思想模式，眞正難能可貴啊！

第三次相聚，老師要我上台做十分鐘見證，而台下請來了他的摯友，也是大名鼎鼎的作家——王鼎鈞先生。會後我們四人一同在百老匯街旁喝咖啡、聊天。王鼎鈞先生親眼目睹師生闊別四十八年後在異國重逢的故事，感動的說：「有這麼好的老師，還得有這麼好的學生！」

之後，王鼎鈞先生及夫人又設宴款待我們一次，我再回請大家一次。一次又一次的相聚，我們愈聊愈投機，愈聊愈珍惜這趟紐約之行，因爲大家都上了年紀，誰知道下次相逢會在何年何月何日？更不敢想：今生還會再相聚嗎？一切隨緣吧！至少一九九九年夏天，我們曾在紐約創造了奇蹟！實現了長久以來的夢想！

（原載國立台北商業技術學院校刊二〇〇〇、三、三十）

四、東歐篇

多瑙河畔的美麗城市——布達佩斯

經過一天半的飛行路程，我們終於在七月二十四日抵達匈牙利的首都——布達佩斯。匈牙利是個相當小的國家，面積九三〇三六平方公里，人口約一千一百多萬，它的鄰國東有俄國、東南爲羅馬尼亞、南爲南斯拉夫、西爲奥地利、西北爲捷克、北爲斯洛伐克。源遠流長的多瑙河貫穿國土，把匈牙利分隔爲東、西兩大地區。美麗的布達佩斯城市中心恰好有多瑙河靜靜地流過。

平靜的多瑙河

出發前一天還在電視上重看一次名片「翠堤春曉」，小史特勞斯的華麗圓舞曲「藍色多瑙河」尚在腦海迴旋飛盪，這會兒便親臨多瑙河上，時間僅僅相隔兩天，夢想便與實景相印證，這不能不感激飛機的發明人以及無數的改良者、設計者與服務人員了！

多瑙河在音樂家的眼中是「藍色」的，而實際上流經布達佩斯的部分卻是非綠非藍，略帶黃濁的普通河水而已。不可否認的，它的寬廣與平靜的確具有安定人心的力量，把布達佩斯綴飾得高貴、優雅且美麗非凡。一百二十年前，此城由布達、歐布達、佩斯三市結合而成。如今歐布達已老舊不堪，但位於西岸山丘上的布達區則有古皇宮、城堡、教堂、漁夫堡、自由女神像等等美麗古典的建築，而位於多瑙河東岸的佩斯區則是一大片平原，河畔古典的一九〇公尺高的國會建築與對岸山丘上的皇宮遙遙相對，連接布達與佩斯雙子城的是多瑙河上的九座大橋，這些大橋多半是一七八〇年以後興建的，我們的旅行團在參觀各景點之際，便在這些名橋上穿梭，大家忙著認識這些面貌互異的橋，並背誦它們的可愛名字：瑪格麗特橋、鏈橋、伊麗莎白橋、自由橋……。

搭乘遊艇暢遊多瑙河是我們的夢想，當白色的遊艇啓程，河面上泛起一陣陣的漣漪，船上立即播放著「藍色多瑙河」甜蜜又憂傷的旋律，眺望著兩岸壯闊的建築景觀，午后的金色陽光在樂聲中閃耀、歡唱，此情此景決不亞於在德國遊萊茵河聆聽「羅蕾萊」名曲的浪漫情懷哩！領隊高先生適時地請大家喝香檳酒，或喝一杯卡布其諾咖啡，眞讓人難忘這美好的時光！

瑪格麗特島上的散步

多瑙河流經布達與佩斯之間，已是夠令人羨艷的好條件了，而多瑙河偏又額外賜了一個島給布達佩斯的市民們。這個島名叫「瑪格麗特島」，在瑪格麗特橋與阿爾帕德橋之間，長三・五公里，寬五百公尺。這個充滿古蹟、花圃、森林與大道的島嶼具有世外桃園般的清幽與魅力，據說歷代詩人墨客、哲學家、音樂家和國王們都喜歡來到此島散步，尋找創作的靈感或享受與世隔絕的感受。瑪格麗特原本為貝拉國王的公主，不願當公主而寧願進入修道院皈依天主，這位公主是十三世紀的人，死時年僅二十八歲，人們非常敬愛她，她的墓地和修道院廢墟都成了重要古蹟，任人憑弔與緬懷。

島上種滿高大的楓樹、槐樹、栗子樹、白楊樹、花圃上繁花似錦，碧茵之遼闊與晴空輝映，從多瑙河上徐徐吹來的涼風，令人沉醉得想躺臥在草地上，做個既長又甜蜜的夢！林蔭大道為免雨後泥濘，均鋪上圓圓的五彩小石子，走在上面，沙沙作響，別是一種天籟之音。為保留這好聽的聲音，我撿拾了六顆小石子攜了回家，讓那清脆細碎的微小聲音，常伴我側。

散步於林蔭大道上，時而有古代的馬車達達駛過，又有造型可愛的協力車忽然出現，不禁令人懷疑這是那一個世紀？我們又來自何方？

皇宮、教堂、古堡

布達皇宮、馬第亞大教堂和著名的漁夫堡，都依著蓋洛特山及其丘陵地形而建築，這裡佈滿了中古時代以來的古典建築物，彷彿向人們訴說著匈牙利的歷史滄桑。歷史上先有蒙古人於西元一二四一年凌厲侵入；接著一五四一年又有土耳其人來犯；奧地利的哈布斯堡帝國也於一六八六年控制了匈牙利；西元一八四八年，匈牙利革命於布達佩斯爆發；一九一九年又有羅馬尼亞大軍壓境；第二次世界大戰期間，先後有德國的蓋世太保、匈牙利納粹黨、俄國人等的入侵；其中蘇俄的坦克部隊在一九五六年曾出現於匈牙利境內。其間太平時代寥寥可數，大約只有三百餘年，但也正是匈牙利繁榮進步的時代。

因此遊覽布達山丘上的城堡，時時可見砲彈擊中建築物的彈孔或大凹洞，當地政府或許刻意保留這些歷史的傷痕，供人們反省與憑弔吧？美麗的皇宮已改裝成博物館或美術館，外面是歌德式、文藝復興式或巴洛克式的建築藝術；裡面陳列的雕塑或名畫，卻活生生地呈現了歷代無數藝術家的所思、所見、所聞。油畫或雕塑的題材大約分兩類：一爲敘述戰爭的殘酷，二爲對宗教信仰的歌頌。黯淡的油彩、悲慘的主題，讓人不寒而慄。歌德式金碧輝煌的聖壇既多又美，是難得一見的藝術瑰寶。可見匈牙利的人民是如何憑藉著宗教信仰走過這歷史的黑暗與荊棘（匈牙利人信仰的有天主教、喀爾文教、路德教及希臘正教）。

漁夫堡的尖塔極美，走上漁夫堡可俯瞰腳下的布達和多瑙河對岸的佩斯，多瑙河蜿蜒穿過布達佩斯的麗影美得教人驚嘆；而橫跨於河上一座座造型不同的橋，又似乎在訴說著布達佩斯的精神——永遠堅強與美麗。當你在夕陽中走下漁夫堡時，千萬別忘了，欣賞對面希爾頓大飯店的豪華玻璃窗，因爲漁夫堡的影子如入鏡中，產生了海市蜃樓般的魔幻感覺，煞是迷人。漁夫堡的修建是爲了紀念一群漁夫，在中古時代英勇抵抗土耳其人入侵的事蹟。

藝術家咖啡屋

享譽已久的布達佩斯著名的「藝術家咖啡屋」，如果不及時前往就要離開布達佩斯而錯過了。導遊總算答應了這個行程以外的要求，把我們帶到市中心的徒步區內，我們一面逛街，一面直奔「藝術家咖啡屋」，地點在弗洛斯馬堤廣場二十九號，據說許多藝術家來此喝咖啡尋找靈感。我們不遠萬里而來，總得體驗一次在這裡喝咖啡的感覺。

咖啡屋位於廣場最耀眼的位置，高大華麗有如置身古典皇宮一般，裡面的雕塑、水晶燈飾、牆上的明鏡、華麗的帷幕，眞是富麗堂皇，古典又浪漫，看得人難以置信；動人的音樂聽得人耳朵忙不過來；精緻的點心陳列在華麗且藝術的玻璃窗內，糕點的香味兒與咖啡的香味兒隨著音樂四處飄散，更迫使我們匆匆找個座位坐下來，分享這份布達佩斯人的既悠閑又高雅的生活趣味。最後特別要感謝吳慶齡老師請我和外子張震、老同學葉鴻灑在這即將告別布達佩斯的時刻，品嚐一杯不同凡響的卡布其諾咖啡，此情此景，將永遠珍藏於記憶深處……。

（原載青年日報一九九六、九、一）

斯洛伐克驚鴻一瞥

斯洛伐克是一九九三年從捷克分裂出來的小國，位於捷克的東部，匈牙利的北部，波蘭的南部，是個比捷克和匈牙利面積更小的國家，人口僅有六百萬，首都名叫「布拉提斯拉瓦」。

七月二十六日清晨八點，我們穿上了長袖、長褲、外加毛衣，離開匈牙利的首都布達佩斯。昨夜在凜冽的寒風下夜遊蓋洛特山區古堡，在雙手高舉一片橄欖葉的自由女神像前，居高臨下欣賞布達佩斯的萬家燈火。多瑙河貫穿市中心，把布達和佩斯兩區巧妙的以九座大橋連結在一起，當時夜景美如幻境，而山頂的寒風則如冬天之淩厲刺骨，兩者相加，布達佩斯的夜景更令人難忘。

我們的遊覽車往西行，預計中午會在斯洛伐克的首都布拉提斯拉瓦用餐。數年前曾在電視上看過斯洛伐克舞蹈團來台表演，那活潑有勁的舞姿、民族服裝的鮮麗都留給了我深刻的印象。想不到此次東歐之旅第二站便是斯洛伐克——這個小小的才獨立三年的國家。對於這個既新又小的國家，我事先一點資訊都沒找到。

車子離開布達佩斯不久，匈牙利的大平原便呈現眼前，平原上有起伏如波浪的丘陵，高速公路平坦又舒適；兩側是一大片、一大片的玉米田、小麥田、向日葵田、桃樹林等等。金色的、綠色的大地上，遠近生長著高高細細的白楊樹，視野遼闊，藍天白雲下，恍如有置身西歐的感覺。路邊開滿七月的野花，紅黃藍白紫，五彩繽紛，絢麗奪目。顯見上帝是很公平的，祂所賜給東歐的大地並不比西歐遜色。路旁村舍略為破舊，遠遠比不上西歐，但也比東亞或非洲的落後地區格調高雅得多。歷史上奧匈帝國留下來的傳統仍然存在，因此原野、田園之潔淨美麗，村舍雖舊卻不失歐洲風格，無論何處，畫家都可找到適宜的畫材。東歐人民收入少，生活苦，一言以蔽之，都是由於實行社會主義的人為結果。

在金色的麥田裡，一綑綑收割完後剩下的麥稈束成一個個圓滾滾的草球，零星散置於麥田裡，遠遠望去，活像十九世紀法國印象派畫家們的作品：藍天澄碧，白雲悠悠，金色的陽光毫不吝惜的灑滿大地，祂賜下金粉、祂賜下金裝，此情此景，美得令人目眩神迷。

九點三十分到了匈牙利和斯洛伐克關卡，要辦匈牙利出境、斯洛伐克入境的手續。小小的關卡，陳舊的辦公室，寥寥可數的守關人員及警察，使得兩國之間的來往車輛大排長龍。我們的車子停在那兒足足有一個半小時之久，日已近午，氣溫升高，東歐各國車子只要一停駛便關掉冷氣，坐在車中又悶又熱，下車又唯恐車輛隨時放行，眞是坐也不是、站也不是，許多人便開始說笑話、吃零食解悶。

斯洛伐克的簽證費聽說是台幣三千元，我們夫婦就花了六千元，本校有五對夫婦，校外有三對夫婦均參加本團，大家心裡不免評估著到斯洛伐克到底划不划算？鄧介偉還逗趣的說：

「請大家不要打瞌睡，因爲每看一分鐘，你得花╳╳元！」關卡上有騎著自行車或步行的兩國人民，他們或許是匈牙利人往斯洛伐克購物，或許是斯洛伐克人往匈牙利訪友，來來往往均須接受檢查。大家枯坐車中無聊，便觀察這些人民的通關情形。在本團的仔細觀察下，發現老人、醜婦被檢查得嚴格且時間久，而年輕貌美的小姐則在他們驚羨的眼光下，滿臉笑容的歡迎入境或出境，「天生麗質難自棄」這句詩的涵義在此獲致鐵證。

中午時分，車子駛入斯洛伐克的首都——布拉提斯拉瓦。第一印象是羨慕至極的呼聲：「哇！多瑙河又流經這個都市！」原來多瑙河悄悄的一路尾隨而來，河水流經這座小城變得更寧靜、更清澈了，河水再往西到了維也納可能就眞的變成「藍色」的「多瑙河」了。眺望河面上來往於布達佩斯和維也納之間的白色遊輪，我和老同學葉鴻灑異口同聲的說：「眞想搭乘遊輪去維也納玩玩！」（此行爲純東歐五國，不去奧地利。）斯洛伐克境內的多瑙河霎時把我們倆的心帶到奧地利的維也納音樂之都去了！

我們在斯洛伐克的首都只停留五個多小時。中午在多瑙河畔一家華麗的西餐廳用餐，窗外的大馬路、河邊人行道以及多瑙河岸的泊船處，氣勢雄偉的橋梁都極爲壯觀美麗，沒有小國貧窮落後的痕跡。午餐極爲可口，尤其是一道美味爽口的湯，用切碎的紅蘿蔔、牛肉塊、洋芋塊，外加切碎的米粉，撒上一些特殊的香料燉成，眞讓人回味無窮。因爲有少許米粉的緣故，更讓我們懷念起台灣的米粉來。記得吳文清夫人說：「我什麼都不要，只要在這湯裡多給我加些米粉就好了。」

午餐後正在一家水晶專賣店內尋寶，一陣急雨呼嘯而過，片刻之後天又放晴，溫暖亮麗卻又不熱的陽光照耀著這座依山傍水的城市，在雨水沖洗後的市容宛如少女出浴般的清新可愛。這裡有山坡上的住宅與教室，城市入口處有古代的城門尖塔傲岸矗立。蜿蜒的大街小巷清爽宜人，古代建築與現代建築混合著卻顯不出雜亂，舊市政府與古代城堡氣派應不減當年。「四月四日廣場」有不少的商店與小攤販值得人流覽。商店中的水晶製品、小攤上的以玉黍蜀皮做成的民俗娃娃最令我激賞。

市區內人口不多，散步的、購物的、喝咖啡的人們狀至優閒。兩節式的電車緩緩來往，載客不多。布拉提斯拉瓦似乎靜悄悄的擔任著首都之重責，看上去一點兒也不忙碌和疲累。在廣場上，我們巧遇一對來自台灣的姊妹，她們是來自助旅行的，我們爲她們擔心安危，她們卻說沒什麼好怕的呀！回想在國內旅行前，人人心中免不了有幾分憂患意識，此時見到這對姐妹，不覺自嘲一番，我們這些中年老人怎麼膽子愈來愈小啊？一團二十六人，尚有領隊照顧，還擔什麼心呢？何況我們之中還有電腦高手、多位數學老師、中西文學老師、歷史老師，幾位商場大亨夫婦，大家都有多次出國的經驗。其中吳文清老師更有到過四十個國家的旅行紀錄，他的夫人也至少到過三十個國家，堪稱「現代的徐霞客」也不過份。因此，我們又何必擔憂或緊張呢？

斯洛伐克匆匆走過，驚鴻一瞥，我雖不了解你，但畢竟我們還是有一面之緣吧！

（原載中華日報一九九六、八、三一）

絢麗多姿的布拉格

東歐之旅，最讓我看得頭暈目眩，有如置身於萬花筒中的城市要算是捷克的首都——布拉格了。數年前曾看過電影《布拉格的春天》，早已在我心中烙下詩般的美妙印象了。其後又聽說布拉格有「建築博物館」之美譽，更是心中嚮往不已……

七月二十七日，我們的旅行團終於來到這個原名「波希米亞」的美麗城市。一眼望去，此城到處是尖塔聳立，建築物密集而不雜亂，色彩華麗，造型繁複，導遊立刻又告訴我們它另有一個「百塔之城」的美名，實非虛傳。歷史上此城曾是奧匈帝國的一部分，素有「中世紀寶石」之稱，第二次世界大戰時，當地守軍不戰而降，得以保存此城，免於戰火之洗禮，由於這一「投降」之抉擇處理得宜，今日來自世界各國的觀光客才能了解建築史上的許多名詞：羅馬式、歌德式、文藝復興式、巴洛克式、洛可可式。因爲一千多年來幾乎西方所有建築形式都保存在這裡，所以布拉格城內一步一景，均具有歷史故事和浪漫的美感，整座城市猶如一部活的歷史書、一座活的建築博物館。

捷克的祖先是早於西元八世紀時，斯拉夫民族來到這片肥沃的波希米亞平原定居，建立了著名的「波希米亞王國」。這個民族經過一千多年來的繁衍滋長，成爲如今的波希米亞民族，他們佔全捷克人口的百分之七十六，而捷克全國人口約一千萬，布拉格一城即有一百二十萬。

捷克在一九九〇年結束了爲期四十一年的共產極權統治，並於一九九三年與斯洛伐克分裂，如今實行的是自由民主政治。捷克雖然曾受蘇聯影響，但是它在文化發展方面反而偏向西方，因此，在布拉格市內漫步，你的視覺、聽覺都感受不到絲毫共產制度遺留下的痕跡，你所有的感覺都是：自由、美好與浪漫……據說波希米亞人天性浪漫，有藝術天份，除了把此城修築得美豔驚人外，街頭上處處販賣的手工藝品，包括物美價廉，值得收藏的水晶飾品、有趣的木偶，以及琳瑯滿目的繪畫，四處飄揚的美妙音樂，都令你眼睛和耳朵忙不過來，不知要收藏哪一樣是好？據說這裡的詩人、音樂家、畫家更多得會隨時出現在你身邊呢！

布拉格的老城區內有皇宮、古堡、聖尼古拉斯大教堂等中世紀的古老建築，既莊嚴又華貴。堅固的石材被建築家以藝術的設計造型、工匠的技巧，構築出一幢幢不同風貌的建築物。羅馬式的建築代表著人類的力與美，理性與感性的平衡；歌德式的尖塔高聳入雲，直達天庭，代表著對上帝的歌頌與崇拜，人們藉此尖塔可將卑微的心靈與神溝通；到了十三、十四世紀，加上了人性的裝飾與象徵，而成爲文藝復興式建築；十六、十七世紀以後演變成巴洛克式，建築上講究平衡、對稱與花俏，形式日漸繁複、有變化；十八世紀更發展爲洛可可式，風格上更人性化、更花俏，更注重裝飾。在布拉格的許多教堂裡我們看到許多金碧輝煌的立體聖像以及繁複華麗的雕刻彩繪，都是在西歐其他著名大教堂（如巴黎聖母院、倫敦西敏寺大教堂、西德科隆大教堂）所看不到的奇觀。

布拉格的古堡附近有一條「黃金小巷」，是十六世紀魯道夫二世統治時的民房，居民大多是城堡裡的傭人和黃金工匠。這巷中的所有房子都很矮小，彷彿走進玩具屋一般，現在每一間房子都成了小小的博物館，其中黃金小巷第二十二號最爲有名，因爲存在主義先驅作家「卡夫卡」的故居即在此處，我們進去流覽一番，卡夫卡的作品和相關畫片正在裡面展售著，僅容數人可進去的迷你小屋不便久留，我們匆匆買一張他的畫像便出來了。

老城廣場是老城區最寬廣的地方，這裡的每一棟建築都古意盎然，舊市政廳是十五世紀完成的建築，而它七十公尺高的尖塔則是在十四世紀早已完成。尖塔的一側有一座天文鐘，下午五點，我們和來自不同國度的觀光客，在此欣賞奇妙的鐘聲，從鐘的兩扇窗門轉出木製的基督十二使徒，向大家報時，美妙的鐘聲在古老的廣場迴蕩，疲憊的旅客也算不虛此行了。

晚餐享受的是布拉格風味餐，有四人樂隊演奏波希米亞民族歌曲，一面用餐，一面聆聽活潑輕快的曲子，眞使人陶醉在這夢幻般的布拉格古城裡。

晚餐後重要的節目是到布拉格最藝術的古橋——查理士橋去散步。布拉格古堡外有一條寬闊清澈的河流，名叫伏他瓦河，查理士橋就是橫跨此河最美麗的一座橋。到了布拉格若不夜遊此橋，將終生遺憾！

黃昏時，我們便來到查理士橋附近，先欣賞河畔的情調，伏他瓦河的河水引入深深曲巷，造成了許多臨水而居的人家，河水之清澈，小巷之幽靜，不禁使人聯想到威尼斯、中國的蘇州運河、南京的秦淮河一幅幅的水上人家圖。臨河的餐廳以及咖啡座早已座無虛席，悠揚的音樂聲、人們的歡笑聲四處飄蕩……我們來到美麗的河邊欣賞夕陽映照下的伏他瓦河的波光粼粼，卻又意外的看見成群的天鵝在水面輕輕的漂浮著，牠們是那樣的驕傲又優雅，這一群天鵝生活在這座「中世紀寶石」之城裡，過著無憂無慮的生活，眞令人羨煞！

布拉格的夜晚來得甚遲，八、九點了，天色仍未全黑，導遊即將下班，因此只得提早登上這座古橋。查理士橋建於一三五七年，橋的兩端有哥德式的尖塔拱門，橋欄兩側有三十尊巴洛克式聖像，這是十八世紀以後增加進去的。石造的橋樑下有十餘個半圓形的橋洞，這座橋的造型及其雕塑可謂極盡建築家與雕塑家之能事了。

而橋上的景觀更教人留戀難忘：許多街頭畫家在這座橋上擺起攤位，一幅幅精美的畫作便在此出售；街頭音樂家賣力的演奏著，小提琴扣人心絃的音符吸引著遊客們圍觀聆聽；賣手工藝品的小攤位也一再的讓遊客駐足欣賞。優閒的人們索性坐在橋欄上，盡情的享受這座古橋上的藝術氣氛、歡樂氣氛。我旅遊中見過不少的造型奇特又美麗的橋，如英國宏偉壯觀的「倫敦橋」、巴黎塞納河上的「新橋」、瑞士盧森湖上的「教堂橋」、楊州瘦西湖的「蓮花橋」，都美麗得教人難忘，然而它們都是靜悄悄的一件藝術品，完全不同於查理士橋。因爲查理士橋上永遠有藝術家們在表演著，永遠有藝術的愛好者在這裡鼓勵著，查理士橋的歡聲、笑語與古老的橋、古老的河水交織成一種永不消褪的浪漫與熱情，這也正是布拉格的不朽魅力之所在。

（原載中華日報一九九六、十、一）

費迪南太子的行宮

捷克的首都布拉格城外的郊原上，遠遠的有一座小山丘，那兒森林茂密、地勢險要，早於西元一三〇〇年捷克的祖先佔據這塊風景幽絕的好地方時，便蓋了一座美麗的城堡，六百年來世襲不斷，顯示著波希米亞人統領此地的光榮歷史。這座古老的城堡到了十九世紀時，爲奧國皇儲費迪南太子所擁有。費迪南太子是歷史上赫赫有名的人物，因爲一九一四年六月二十八日下午，他在塞爾維亞的薩拉耶佛城訪問時，和夫人蘇菲亞同時遇刺，雙雙身亡，這件由塞爾維亞「黑手黨」策劃的悲劇，驚動世人，接著引發了第一次世界大戰。

古堡的花園裡有一座費迪南的銅像，他一身打獵裝扮，手中牽著兩隻兇猛的獵犬，眞的是英姿勃發、栩栩如生。花園中養著幾隻孔雀，不畏生人，牠們拖著長長的彩羽，高貴優雅的從事晨間漫步。

當我們魚貫進入這位皇太子的鄉居大別墅時，首先映入眼簾的是各種飛禽猛獸製成的標本，密密的掛在長廊的兩側牆壁上，有虎、豹、獅、熊、野牛、麋鹿、羚羊、小花鹿、猩猩、猴子、鷹……每種動物標本下方都有文字註明費迪南太子獵殺牠們的時間、地點與經過情形。

櫥窗裡展覽著他打獵時的照片、日記，所用的不同槍枝和彈藥。導遊告訴我們說這座行宮裡珍藏著他生前心愛的獵獲物標本，一共多達三十萬頭飛禽走獸。展出的只是其中一小部分，其餘的標本，均儲存在古堡的地窖裡，據說他酷愛打獵，除了周遊於歐洲各國狩獵外，還遠征到中國去獵捕「獾」這種珍奇動物；又曾去印度圍獵了十二頭猛虎。

天哪！這那像皇太子的行宮？簡直是野生動物的大墳場，一座三十萬頭野獸的人間地獄！這那算是打獵？簡直是人類屠殺動物的屠宰場！一位團員模仿著幽靈般的聲音，顫抖的說：「還……我……命……來！……」還眞嚇得我毛骨悚然、不寒而慄呢！

終於走完了那條恐怖的動物標本長廊，那些無辜的動物頭顱掛在牆上，是在向人們呼救呢？還是控訴呢？抑或是嘲諷這位皇太子的下場，也猶如牠們的悲劇命運一樣，被刺客的槍口瞄準，然後「砰！砰！」兩聲，費迪南夫婦中彈倒地，雙雙死亡，成了同命鴛鴦？且由於他們的猝死，引起了第一次世界大戰，動物們若身後有知，看到這場人類自相殘殺的歷史大悲劇，一定拊掌稱快，大呼：「因果報應哦！」

（原載中華日報一九九六、十一、二八）

集中營的恐怖印象

東歐之旅最感恐怖震撼的行程，要算是行至波蘭南端的古城克拉科市，在這座古城的市郊有著名的第二次世界大戰希特勒下令屠殺猶太人的人間地獄——「奧斯維欽集中營」。事實上集中營分爲兩大區域，奧斯維欽集中營是一號集中營，後來逮捕的猶太人愈來愈多，一號集中營裡關不下這麼多人了，遂又興建了二號集中營，眞人眞事的電影「辛德勒的名單」是在二號集中營拍攝的；而一號集中營裡如今則設了「博物館」，由猶太基金會出錢重新維修整建，讓全世界的人們明瞭當日的血腥恐怖、慘絕人寰的歷史眞象。

因爲在這裡無辜的猶太人被毒氣屠殺了四百五十萬人之多，那些殺人不眨眼的兇手正是希特勒手下的德國納粹黨分子。我們無法想像一連四、五年，他們在這裡不斷地毒殺猶太人，無分男女老幼，一批又一批地關進毒氣室，毒死之後接著是焚燒屍體，那種黑暗、絕望與恐怖驚嚇的場面是何等殘酷悲慘？上帝呀！那幾年中，您究竟在那裡？

當我們的遊覽車逐漸駛近集中營，我們的心情愈來愈沉重、憂傷，波蘭的天空也黯淡無光，更增添了陰森淒涼的氣氛。一望無際的兩層鐵絲網（當日是通高壓電的，大約有兩人高），圍成四方形的煉獄，荒煙蔓草上蓋了一排排的木造囚房或紅磚造兩層樓高的辦公室以及德軍住的宿舍。這一廣大地區都設有瞭望台及通電的鐵絲網，任何人被關進去都插翅難飛，只有死路一條。

看到眼前的景象，不禁心驚膽顫，想要停下腳步，轉身登車急速離去。但是當地導遊已買好門票，若要溜走實在沒有面子。於是全團人隨著導遊的講解，一面聆聽介紹，一面悲戚地參觀這座二十世紀規模最大、惡魔撒旦施展淫威的屠宰場，大家面容哀傷、步履沈重，幾乎到了舉步維艱的地步。

大門內外，有鐵軌通過，當年一批批的猶太人無緣無故地被捕，他們來自波蘭、捷克、匈牙利、俄羅斯、德國、法國、義大利、希臘、挪威等國，以火車載運至此，這裡是終站——四百五十萬猶太人「生命的終站」。那些惶恐又迷惑的猶太人當日並不知道這裡是他們的絕命場，因爲下了火車，不遠處集中營的大門上，至今還有幾個鐵鑄的大字——「有工作就有自由」橫懸著，德國人騙人的招術實在高明。進了大門，右邊一面牢房的木牆上懸掛一張當日在此牆下的放大照片，照片裡是一組樂團正隆重地演奏著音樂，歡迎剛剛抵達集中營的猶太人，使這些人誤認爲德軍是利用他們各人之專長爲德軍工作的，實在用不著爲自己或家人的性命擔憂。之後的情節便有如許多部電影都演過的，把他們一家家拆散、男女分開，關進那一幢幢黯無天日的囚房中。

木造的囚房只有屋頂高處兩排小小的天窗可以採光，四周全是沒窗的高牆，大門一關，數百上千的人就在裡面生活，空氣之污濁、潮濕、糞便排泄物之惡臭可想而知，至今探視那些囚房尚有濃濁的惡氣與令人窒息的感覺，衆人行了十餘步便匆匆退出。

參觀毒氣室與焚屍室更是恐怖到了「暫時停止呼吸」的地步。當地導遊說：「如果不願意看的在屋外繞半圈，想看一看的進去參觀。」結果本團立刻自動分組，一半在外、一半勇敢的走進昔日的人間地獄。膽小的我居然還是硬著頭皮去體驗了一遭地獄的況味。陰森黝黑的水泥房間，似乎什麼都沒有，有的彷彿是數不清的冤魂、幽靈在無聲的哀嚎、哭泣、祈禱、呼救……陰森森涼颼颼的感覺直教人寒毛豎立，冰涼的死亡氣息彷彿從腳底穿透全身，直達腦門；有人感覺頭暈，有人想嘔吐，有人雙手合十唸佛，我則向上帝祈禱……。屋頂上有幾個孔洞灌進毒瓦斯，據說用五、六公斤的毒氣，一次可以殺死一千五百人，時間需要十五至二十分鐘。想想當年那一批批被騙來集體洗澡的猶太人，當他們發現進來之後，鐵門立即被反鎖，從孔洞裡放出來的不是洗澡水，而是要命的毒氣時，應當是多麼恐怖與絕望，十五至二十分鐘內必然痛苦的哀號、咆哮、悲憤與垂死之掙扎；或許有些人祈禱、認命、渴望儘快回到天父的懷抱，也許有些人以大無畏的精神彼此互相安慰、擁抱，只求趕快離開這個殘酷世界，進入另一個永遠和平、幸福、沒有紛爭和煩惱的天堂。

毒氣室的隔壁便是焚屍間，眞可謂「一貫作業」，那裡有大型火爐，不分晝夜、數年不間斷地焚燒著猶太人的屍體，燒成的灰燼當肥料施肥，人間慘劇莫此爲甚！

博物館裡展出當日的一切資料，照片、圖表、實物、德國人所用過的毒氣罐子、猶太人遺留下來的衣物用品，甚至包括兒童珍愛的洋娃娃。據說德軍搜刮了猶太人一切的財物，連嘴裡的鑲金牙齒都要拔下來。博物館內最嚇得人魂飛魄散的是：在一間較大的陳列室的大玻璃櫥櫃裡，有堆積如山丘的頭皮連頭髮，男的、女的、小孩子的；長的、卷的、綁髮辮的，其數量之多難以估計，眞的教人嚇得渾身顫抖，不忍看下去。其旁設一小玻璃櫃，裡面陳列著織花地毯，導遊說那是用猶太人的頭髮編織的地毯，仔細觀察，果然不假，縷縷髮絲有從孔隙間冒出來的。

原來德國人毒殺猶太人後，在焚燒之前，先割下死者之頭皮，爲的是保留頭髮，用以編織地毯，廢物利用，到了如此慘絕人寰的地步，眞是令人髮指。若非親見此座集中營博物館，誰能相信人間居然有此種既恐怖又殘忍之事？戰爭末期希魔與其情婦結婚後自殺，命屬下以汽油焚燬兩人屍體，實在太便宜他了！至於那些殘忍的執行者，亦如惡魔之罪行，或槍決，或被俘、被囚，也實在太便宜他們了！唉！天道公理何在哉？

歸途中，大家心情都不好，「沉重如鉛」四個字也難以形容之。忽有人提出問題問導遊：「請問導遊先生，德國人爲什麼這樣恨猶太人呢？」這是個大問題，記得我也曾問過學歷史的兒子，這個問題太重要了，値得德國人和猶太人好好檢討與研究，希望這段歷史永不重演。

（原載青年日報一九九六、九、二九）

浴火重生的華沙

七月三十日清晨，我們離開了克拉科市，這座波蘭第二大城，有著「奧斯維欽集中營」，第二次大戰德國人在這裡以毒氣屠殺了四百五十萬猶太人，這個不祥的惡魔大刑場看了實在教人毛骨悚然，印象恐怖之至，還是及早離開的好！整個克拉科市目前僅有十五個中國人，我們的導遊綽號「華沙哥」，姓郭，他爲人風趣，一口香港式國語，他娶了一位華沙美女，在克拉科與友人合開一家中國餐廳，順便兼任導遊。

小郭把妻子的照片給我們在車中傳閱，順便介紹當地風俗。他說波蘭的女孩是很純情的，有的人請他中意的女孩喝一杯咖啡，聊上三、四個小時，便贏得了芳心。有的女孩子喜歡某個男孩所養的一隻狗，她也會爲了那隻狗而嫁給狗的主人。結婚時女方會送女孩一棟房子，而男方花的錢卻很有限，小郭結婚才花兩千美元，其中一千多美元是捐給教會的。婚禮時，人們只送鮮花，新人準備水果和酒招待，並不款待來賓用餐。唯一重要的事是新人要在當天晚上請雙方家族享受一頓豐盛的晚餐。小郭希望團員之中有人愛上波蘭，留下來，只要你有十萬美元便可以打天下了！

在克拉科，目前平均收入是每人月入四百美元，到了華沙，那兒是波蘭首都，人口二百四十萬，如今一位大學教授的收入是每月五百美元。人們力求經濟快速成長，企圖超越東歐經濟第一名的匈牙利和第二名的捷克。華沙人民希望在新總統領導下，每個人每月能有七百美元的收入。新當選的總統以前是個共產黨員，他打敗了一九八九年第一任總統華勒沙，最近宣布參加北約組織，表示靠近美國及西方國家，這使得俄國大爲緊張，葉爾欽總統立即去訪問中國大陸尋求支援。

從克拉科到華沙，汽車行駛了五個小時，沿途所見的波蘭平原，此時正是豐收季節，金色的陽光照射在金色的麥田裡，襯以藍天白雲，當地人稱這個季節叫做「金色波蘭」！路旁的農舍有新有舊，偶爾也有破爛失修者，建築物比起匈牙利與捷克大爲遜色。波蘭五年來推行的經濟政策顯然比較緩慢。

經過二八八公里的車程，我們終於來到了波蘭的首都華沙，這個著名的城市給我的印象是：集美麗、典雅、哀愁與浪漫於一身！

重建後的華沙

華沙的歷史有七百年了，但是最悲慘的一頁莫過於第二次世界大戰的破壞，七十多萬人喪失生命，城市的百分之八十五被夷爲平地。第二次世界大戰之前，華沙是世界上最大猶太社區的城市，有一條特別的街道「潘米契——梅茲恩斯特瓦——瓦爾基——濟多夫路」，它的名稱是紀念一九四〇年至一九四三年間在華沙猶太區受難的人民，這一區猶太人被屠殺的共有四十八萬人之多！並紀念一九四三年猶太人起義中大無畏的抗暴行爲。這條路可通往猶太區英雄紀念碑與紀念牆。

戰火後的華沙，從一片廢墟中又依原本的樣子重建起來，經費由聯合國及友好國家資助，時至今天，已看不見過去悲劇的傷痕，新建的「舊城」已經具備高貴、優雅的氣質與韻味，這種重建華沙的決心與勇氣，波蘭人是百分之百的做到了，一向愛好和平，淳樸又憨厚的波蘭人民，終於使華沙市浴火重生，贏得了聯合國教育、科學暨文化組織的讚賞，列爲「世界文化遺產」。

在波蘭七百年歷史中，只有十三世紀末，國王亞格爾打敗日耳曼人爲最強盛時代，此後愛好和平的波蘭人始終被強國欺凌，在一九一八年以前的一百二十三年間，人們甚至看不見「波蘭」這個名詞了。三〇年代的華沙猶如巴黎般的繁華，當波蘭逐漸強大時，在一九三五年曾打敗過蘇聯紅軍；稍後，希特勒爲拯救德國第一次大戰失敗的顏面，而提出「民族復興黨」的口號，猶太人遂成爲德國人憎恨與嫉妒的對象，於是利用第二次大戰的良機，將歐洲各國及波蘭境內的四百五十萬猶太人在奧斯維欽集中營大加屠殺，戰後波境只餘五千名猶太人。華沙市的猶太人被殺的就有四十八萬，自古悲情城市沒有比得上華沙的悲慘了！

美人魚的故事

和許多著名的城市一樣，華沙市區中心也有一條大河通過，將市區一分爲二，這條河的名字十分美麗動人，名叫「維斯杜拉河」。傳說一千年以前，有一對漁人夫婦在此河邊垂釣，沒想到他們卻釣上來一條美人魚，其上半身爲美貌的少女模樣，而下半身則是魚腹魚尾。美人魚哭泣著央求漁人放了她，漁人夫婦則要求一個條件：除非把維斯杜拉河引進城市中心來，否則不會放她自由。於是美人魚用劍把河流一分爲二，使河水流經市區中心，這一對夫婦，丈夫名「華沙」，妻子名「沙瓦」，爲了答謝他們的巧思，人們將他們夫婦名字中各選一字，合爲「華沙」，而給予這城市命下永久之名字。華沙人民自然也很感激美人魚的貢獻，因此處處有這位美人魚的徽紋圖誌。更在綺麗莊嚴的古城堡上爲美人魚塑了一座極美的銅像，到了華沙若不與美人魚銅像和蕭邦銅像合影，應是人間一大憾事！

蕭邦的故居

華沙有三寶：天文學家哥白尼、大科學家居禮夫人、大音樂家蕭邦。市區內有哥白尼的雕像與宏偉的紀念碑；位於弗瑞塔街十六號則是瑪麗・居禮夫人的出生地，這位女科學家一生榮獲兩次諾貝爾獎，爲全世界作出最大的貢獻；最後一位則是影響全人類心靈的大音樂家蕭邦了！如今「聖十字教堂」裡的巨柱裡埋藏著蕭邦的心臟，每天來此悼念的鮮花源源不斷，受到世人永久的景仰。

市區內有一座廣大的公園，名叫「蕭邦公園」，在蕭邦的銅像下有美麗的池塘和花圃，我們很驚訝的發現，兩個男人公然拿著魚網在池中撈錢，原來遊客們喜歡在蕭邦像前許願，遂把零錢擲入池中，而一些貧苦的人也顧不得顏面，竟公然在池畔「撈錢」，這眞是名副其實的「撈錢」哩！

在「蕭邦公園」的紀念碑下，每個星期天早上八點半都舉行演奏會，每隔九年都要舉辦

「蕭邦鋼琴大賽」，把美妙的音樂傳播到世人的心靈深處，洗滌人類心靈中的黑暗與污垢。

其實「蕭邦公園」原來屬於一位皇帝的私人宮殿與園林。這座「瓦茲恩基宮」是波蘭最後一任國王——斯坦尼斯瓦夫的避暑宮殿，建於十八世紀末，裡面有宮殿、浴室、池塘、水渠、小橋、劇院，以及廣大森林和無數的散步大道。其花園中的雕塑，以國王和他的情婦們爲主題，眞是無邊的幽境與燃燒不完的熱情與浪漫哩！華沙人稱此處爲「國王的浴室」，又說住在不遠處的皇后常常拿著望遠鏡監視國王，不過那已是很久很久以前的風流韻事了。

眞正的蕭邦誕生地，是他七歲以前住過的白色屋子，這棟屋子距華沙市區五十公里，沿途多蘋果樹，野花遍地。那棟美麗的白屋也燬於戰火，戰後依原樣重建，一九四五年起，來自世界各國的愛樂者紛紛帶本國的樹來此種植，花園中如今有一萬株樹，都已長得綠意盎然，技葉茂密高聳入雲了。參觀完那棟造型美麗的白屋之後，來到屋外的花圃前，那兒有一排排的木椅，坐滿了遊客，他們正靜靜地聆聽從白屋播放出來的蕭邦鋼琴曲，當然，我與外子張震也立刻坐下來，享受這人生難得的一段美好、幸福而又熱情浪漫的時光。

（原載青年日報一九九六、十、二七）

莫斯科印象之旅

出發旅行前，最擔心的要算行程中的莫斯科三天了。親朋好友頻頻善意地警告：「到了莫斯科要隨時注意皮包，小心被扒、被搶！」「注意安全，別隨便逛街喲！要特別小心車臣游擊隊的炸彈！」的確，在出發前幾天，車臣的殺手兩次在鬧區、地鐵暗置炸彈，而且威力不小，有不幸罹難者。

小心被搶！留意炸彈！

行前說明會時，旅行社叫大家準備一些泡麵、餅乾、電湯匙之類的東西，並且一再叮嚀，在莫斯科不可夜遊或自由行動。此行好像探險，又像要去行軍作戰似的！

旅程的前十天，由匈牙利的布達佩斯、捷克的布拉格，一直到波蘭的華沙，一路風光明媚，文化古蹟氣息不亞於西歐。可是一到莫斯科機場，氣氛就顯得神祕而緊張。

大夥兒戰戰兢兢地跟著領隊走，想不到片刻之後順利出關，什麼荷槍實彈的軍警人員，什麼嚴苛的海關檢查，統統沒出現！我們竟平平安安地進入莫斯科了。

當地陪瑪利亞小姐出現時，她一口流利的華語，立刻贏得我們的好感，幾乎要奉為「聖母瑪利亞」了，我們還有什麼好怕的？

「凡是到過莫斯科的人，就算已認識俄國。」一位俄國詩人曾如是說。我們的確已到了莫斯科，這座擁有九百萬居民，每年約有兩百萬觀光客湧進來的俄國第一大城。

莫斯科市容只能用一個「大」字來形容，都市大得無邊無際，縱使從我們所在的旅館第二十四樓向窗外遠眺，也看不見市區盡頭。建築物不算高，佔地卻都極大，街道既寬廣又綿長，甚少有窄巷。

冷冷冰冰，彷若紅軍！

放眼望去，建築物多爲石材所建，堅固耐用，卻不講究華麗的裝飾，這和布達佩斯、布拉格、華沙等東歐名城大不相同。窗櫺上看不見鮮花和潔白的蕾絲窗簾，街道上也少見芬芳的花圃。

行人稀少、車輛稀少、商店更是稀少！冷清清的大城市、冷漠漠的行人的臉！這是莫斯科給我的最初印象：單調乏味，像穿著制服的紅軍軍人！

豪華的大旅館，房間裡沒有飲用水，生水含汞量高又不可喝。只有三餐供應開水，食物份量不多，有微酸的麵包、油炸硬豬排、帶腥味的魚排，以及可口的奶油芋泥和甜點。這些「俄羅斯風味餐」使許多人吃不習慣，改吃自備的台灣泡麵。

然而，莫斯科人民每月平均收入僅僅一百五十美元，許多機關一連好幾個月發不出薪水，我們觀光客吃得飽、睡得好，還有什麼好怨尤呢！據說大飯店的後門，許多俄國人在等待我們吃剩的食物呢！

隔天，我們才見識到莫斯科人的另一面：科技發達、藝術天才、宗教熱忱，以及艱苦卓絕的恆心與毅力。當瑪利亞小姐帶我們參觀莫斯科的地鐵後，可眞讓我們大開眼界，不得不對莫斯科人重新評估了。

華麗地鐵，泱泱風範！

莫斯科的地鐵站一共有一百多座，並行三排的上下電扶梯，最深的有一百三十公尺。電扶梯的速度極快，踏上踏下時幾乎要用運動家的眼力與速度，方能準確配合，否則一定當衆摔跤出醜。下了電扶梯，可以看到一座座極爲華麗、寬敞、似乎沒有盡頭的地鐵車站。

地鐵車站內的牆壁、梁柱、拱門、地基，均由大理石和花崗石打造。圓形的拱門、弧形的屋頂，都是華麗的浮雕裝飾；天花板上懸掛著一盞盞數百公斤重的水晶燈，全由鋼鐵燈架釘牢，不分晝夜地照耀著地底行人。

最值得欣賞的是牆壁上一幅幅巨大的馬賽克壁畫，有十月革命的領導者列寧像、各民族的民俗生活圖、俄國歷史畫，還有如東正教教堂裡的彩色玻璃窗畫，使過往遊客看得流連忘返。

地鐵內一年四季都保持著攝氏十四至十七度的恆溫，不用空調，因爲一班班快速的列車，會把新鮮空氣帶進來。

在地鐵車廂裡，我們首度與許多莫斯科人照面，他們文質彬彬、衣著整潔、面無表情、安靜而不喧嘩，沒有貧窮落後的跡象，反而有一種泱泱大國的風度和令人莫測高深的特質。

地鐵內沒有任何垃圾或紙屑，瑪利亞小姐說：「我們莫斯科人，非常珍惜我們的地鐵！」誠非虛言也！

（原載聯合報一九九七、一、二五）

金碧輝煌的莫斯科

初到莫斯科，對那些史達林時代、赫魯雪夫時代留下來的整齊劃一、堅固耐用的米色或灰色建築，實在感到單調乏味，缺乏美感。及至參觀完宏偉便捷，猶如地下宮殿般的豪華地鐵車站後，我們對俄國人的高科技、高標準的藝術境界開始大爲讚嘆。接下來又參觀了莫斯科的「農業經濟展覽會」，乘船暢遊「莫斯科河」，拜訪「克里姆林宮」和「紅場」之後，我們才深深發現了俄國的另一面：在建築與藝術上配合著人類的絕頂天才，他們不惜耗費所有的金銀珠寶展示給世人看。似乎，其他的國家把黃金寶石深藏在寶庫裡，而俄國人則把黃金寶石鑲嵌在建築物及雕塑上，使得人人都可免費欣賞，財富在每個人的視覺裡，而非口袋裡。

世界最豪華的噴泉

「農業經濟展覽會」會場建於一九三九年。從一九三九年到一九九一年之間，在這裡舉辦著俄國國內或國際種種經濟產品的展覽。現在俄國無法支持這項龐大的開支，遂改成百貨公司或小型的商店，在這裡可以清楚的看見俄國在共產黨執政期間的強盛與集權，和現今的經濟凋弊、盧布狂貶、物資缺乏的窘況成爲強烈的對比。

展覽會場佔地極廣，會場的大門及辦公室設計成三層式的弧形大建築，白色的大理石建築分大、中、小三層，每一層的外圍都是巨大的羅馬式白色圓柱，裝飾著人物銅像及圖案，最高處是正中央的尖塔，塔的頂端是一顆五角紅星。而列寧像即驕傲地矗立在大門外正中央。會場前的廣場極大，在走進展覽館之前的這段路程裡，列寧像和白色的羅馬式建築由遠漸近，由小變大，最後感覺這一切遠超乎你想像的高大，那種氣勢之淩人、威風凜凜的壓力比起皇宮，尤有勝之。展覽館散佈在四周，並種植青翠的樹木，裝飾得有如一座大公園。廣場的中央有兩座佔地極大，華美已極的噴泉。前面的噴泉名叫「各族人民間的友誼」；後面的叫做「採石花朵噴泉」。

當我們看見第一座噴泉時，簡直不敢相信自己的眼睛！那一座渾圓形，佔地極大的噴泉，共分四層，層層疊疊高起，最中央是環形花朵般的希臘式柱子，全部鍍上黃金，水從這些環柱上端噴向天空，再落下來，落進中央鍍金水池裡；水滿溢出來，又造成第二道噴泉，第二道噴泉的池邊，造了數十個花崗石基座，每個基座又有鍍金裝飾，基座上雕塑了數十尊美麗的少女像，她們各個的姿勢不同、容貌表情不同、服裝髮型不同，手裡舉著、懷裡抱著不同的農產品，原來一位少女代表俄國境內一種民族，她們帶來的是各地的特產品，有花果、蔬菜、稻米、小麥、雜糧……唯一相同的是這一尊尊美若希臘女神般的少女像是全身鍍金的，美麗的噴泉水花飛濺到她們身上，又落入第三道池邊，鍍金的池邊和鍍金的一群少女像互相輝映；第四層是最低、也是最大的水池則以紅色花崗石造成的，人們可以坐在池邊欣賞這幅不可思議的景致——一座由黃金爲顏料，鑄造出一座舉世無雙的華麗噴泉，她的名字叫做「各族人民間的友誼」。

第二座噴泉名叫「採石花朵噴泉」，是方形的設計，四周有許多大理石雕像，中間的花式噴泉，噴出的美麗圖案變化萬千。

展覽會周圍的建築式樣互異，都令人嘆服不已！一幢木屋屋頂下的人物木雕，特別具有俄國藝術風格，看得我不忍移步，但時間有限，團體集合的時間誰也不敢遲到，只得匆匆離去。

乘船暢遊莫斯科河

莫斯科河流經莫斯科市區，乘船欣賞兩岸風光，方能體會出莫斯科古代建築之藝術美與現代建築之重實用，已截然不同，形成風格迴異的都市文化。

沿河兩岸現代化的建築中，最雄偉的要算史達林時代的尖塔式的大廈了，這種造型可以「莫斯科大學」爲例，外型是一群四四方方的整齊大樓凝聚在一塊兒，最中間是高達三百多公尺以上的高樓，像這樣的建築莫斯科一共有七座。第二次世界大戰之後，華沙被燬爲一片廢墟，俄國曾贈送華沙政府一幢最宏偉的建築，名叫「史達林宮」，便是模仿「莫斯科大學」圖形建造的，其中最高的尖樓高達三百六十四公尺，整座樓群中共有三千個房間，我們那晚由陳岩雄教授領隊，共有十六人參加華沙市夜遊，只是繞著「史達林宮」（如今改名「科學文化宮」）走一圈就花費了半小時之久，其建築物之巨大宏偉可想而知，據說當時所有的建築材料都從俄國運來，工程及過程之艱辛實在難以想像。

從莫斯科河面，可以看到許多東正教教堂的洋蔥型金頂建築，「基督救世大教堂」是拜占庭式建築藝術典範，一九三〇年被史達林破壞，目前正在修復中，五個鍍上純金的蔥頂，正在晴空下閃閃發光，中間最大的蔥頂代表基督，旁邊環繞四個小蔥頂代表祂的四個聖徒。明年是莫斯科建城八百五十週年，許多重大工程都得提前完工。沿河可以看到類似的許多鍍金蔥頂建築，高高低低，大大小小，原來遊船已駛近紅場和克里姆林宮旁了。美輪美奐的聖巴索教堂也像神話一般地出現了。

河的另一邊有濃蔭密佈的樹林，原來是高爾基公園，公園邊河岸上許多穿著比基尼泳裝的女郎正在作日光浴呢！這又是莫斯科人令人迷惘的地方。

克里姆林宮與紅場

莫斯科的「克里姆林宮」早於西元一一四七年便有了初步的城堡型態，當它眞正開始有所發展，是在十五世紀中葉到十六世紀初葉的這段期間。當時在一位英明的政治家伊凡三世的統治下，與歐洲國家締結了密切的外交關係。這位沙皇爲俄國聘來了幾位傑出的義大利建築師，如：「皮耶特羅・安東尼歐・索拉里」、「馬爾可・魯福」、「魯道夫・費奧羅凡提」等人，在他們的攜手合作，大展創作才華之下，設計出現代克里姆林宮的許多建築物。

克里姆林宮的建築群，莊嚴肅穆、造型綺麗、華美豪奢、燦爛輝煌，一向有「世界第八奇景」之美譽，站在兩座廣場，無論是伊凡廣場或是大教堂廣場之上，仰觀這些巨大豪華的建築物，你都有置身於迷離幻境，不可思議的感覺。大教堂廣場上克里姆林宮年代最久遠的是位於中央的白色教堂——「聖母升天大教堂」，它是東正教最美麗輝煌的教堂，與克里姆林宮紅色的圍牆同期建造，它的功用爲舉行各大公、沙皇和大主教的封爵，加冕儀式和結婚大典以及宣布政令之用。

這座最重要、最華美的東正教教堂，建於一四八九年，由義大利建築家亞里斯多德·費奧羅凡提主持建造。東正教與西方的天主教的禮拜儀式不同，他們都是站著做禮拜而非坐著，即使沙皇和大主教也都要站著，因此地面上沒有設椅子，鋪設的是華麗的彩色大理石。沙皇在左邊，大主教在右邊，大家一律朝向「聖牆壁」祈禱。正門向東方，因此朝東的「聖牆壁」最爲重要，那壁上畫了五層東正教聖者的畫像，密密的排列著，最中央左邊的是聖母與聖子像，右邊是基督坐在寶座裡。教堂的四壁也畫滿了聖像。

這座教堂中一共有六根大圓柱（其他的教堂爲方柱），幾盞華麗的水晶吊燈，燈座是用白銀做的，每座燈重達三百公斤呢！最右邊的是沙皇加冕寶座，是從土耳其送來的拜占庭式皇帝寶座，木製的雕鏤著精緻的圖案，方形、有尖頂、三面小窗，沙皇從後面小門進入，加冕寶座看上去彷佛是一頂華麗的轎子。而總主教的墳墓就在正對面的大門入口處右邊，由此可見東正教總主教和沙皇的權力是相輔相成的。

「聖母升天大教堂」對面是「大天使大教堂」，裡面埋葬著歷代沙皇、大公等五十二人的遺體。另外有未及參觀的「天使報喜大教堂」、「聖母面紗教堂」以及不對外開放的一八五五年建造的「沙皇皇宮」。一六〇〇年建造的高度八十一公尺的「鐘塔」，莫斯科其他建築不能比它高，鐘塔高的部分有二十個鐘，低的部分有六十八個鐘，如今鐘樓已改爲博物館。

從遠處眺望克里姆林宮這群建築，有著數不清的洋蔥圓頂，它們全部是鍍金的，黃金色的圓頂高聳入藍藍的天空，那種景象，實爲奇觀！

「克里姆林宮」的原意即「城堡」，而發展出來的古代城市即爲圍繞四周的紅色城牆內的地區，此區稱做「紅場」，此廣場被稱爲紅場，與歷史上的血跡斑斑的殺戮倒無多大關聯，而是因爲它的美麗。古俄羅斯語中的「紅色」即代表美麗之意。

紅場上最亮麗的建築就是一五六一年，由「恐怖的伊凡」下令建造的「聖巴索大教堂」，建築師的名字叫巴爾馬・波茲尼克，他是俄羅斯的天才建築家。這座教堂是由九座小教堂環立在同一個基座上建成的，高達四十七公尺，紅色的外牆、繁複的花紋，外加九個不同彩色與花紋的蔥頂，看上去眞是氣象萬千、絢麗奪目，驚得你目瞪口呆不知如何形容它、讚美它才好。這座教堂幾乎成爲莫斯科的商標和俄國的徽誌了呢！

紅場的四周有許多重要建築，例如由大理石和玻璃建造的國會大廈，如今已改爲芭蕾舞劇院，可容納六千名觀衆，由紅色花崗石建造的列寧墓及紀念館，雄偉壯麗。對面是一九九三年新建的古典風格的莫斯科最大的百貨公司，不過物價卻很昂貴。黃色的大樓是葉爾欽總統的辦公室。一幢建築物的大庭院裡展示著昔年俘獲的拿破崙的兵器。紅場上有兩件足以向全世界誇耀的東西，一樣是世界最大的「砲王」，長六公尺，口徑八十六公分，一五八六年造，幸而一次也沒用過。另一樣是世界最大的「鐘王」，重達二百噸，一七三五年建造，由於兩年後的一場大火，人民為怕鐘王被火熔掉，遂將冷水澆灑上去，想不到鐘王卻裂了一大塊，人民尚來不及將它掛上鐘樓就破裂了，因此至今沒有人聽過鐘王的鐘聲哩！

（原載青年日報一九九七、一、十）

雄踞波羅的海濱的聖彼得堡

東歐之旅一路名城、古蹟等美景不可計數，而最後一個行程點——聖彼得堡，更令人驚歎！因爲此城完全把你引進一個眞正的古代俄羅斯，一個最具有沙皇時代魔幻般的美麗首都。

聖彼得堡位於莫斯科北西北的芬蘭灣附近，距莫斯科七百公里，飛行一小時即可抵達。我們去的三天內（八月三日～五日）氣溫在十六至二十六度之間，至於海濱和半夜的氣溫應在攝氏十六度以下，因此微寒的溫度有如台灣的春天，溫暖的夏日陽光對當地人尤其珍貴。此地冬季二月的氣溫在零下三十度左右。夏天是最好的旅遊季節。

我們住的旅館名叫「波羅的海旅館」面向聖彼得堡市區，背臨碧藍的「波羅的海」，是該城最豪華的大旅館。放下行李，我們即興奮地奔向海濱，眞想不到昔日從課本上時時見到的俄國古都就在我們腳下，而著名的「波羅的海」就在眼前哩！吳文清老師遙指我們所住的旅館對岸說：「對面應該是芬蘭，我們已進入北極圈了！而左岸那些遙遠的、看得見的城市，應該是波羅的海三小國。」的確，芬蘭隱藏在碧波深遠處，而三小國卻在浪濤中盪漾不已！海風狂吹，寒氣襲人，不由得令人驚詫地想：彼得大帝爲何把首都建在如此危險的海濱？是英勇地扼守北西北的出海港？抑或是他純粹地愛上這座煙波浩渺的城市？

這座俄國第二大城是在西元一七〇三年，由倡導改革的沙皇「彼得大帝」在奪自瑞典的土地上興建的。這塊土地原是一片沼澤地，因此興建起來工程非常艱辛，彼得大帝終於在一七一二年將首都搬遷於此，此後更加緊建設，到了十八世紀末期，聖彼得堡人口已超過二十萬；到了十九世紀末葉，居民已突破百萬大關。在此後的兩百年，自彼得大帝、凱薩琳一世（彼得大帝之妻）、伊莉莎白女王（彼得大帝之女）、保羅皇帝（彼得大帝之孫）、凱薩琳二世（彼得大帝之孫媳）……到尼古拉皇帝，這裡一直是俄國的首都。

十月革命後，列寧在西元一九一三年將首都再遷回莫斯科，從此對「聖彼得堡」這個舊都刻意打壓，不讓它重現輝煌，列寧死後，將此城改名為「列寧格勒」，以紀念列寧。如今共產制度瓦解，改行民主體制，此城又恢復「聖彼得堡」的原有名字。雖然如此，但是人民總不能忘懷第二次世界大戰的悲慘遭遇：希特勒的軍隊圍困列寧格勒整整九百天，圍城期間，居民每天的麵包配給多次削減為一百二十五公克，在飢寒交迫下導致一百萬人死亡。圍城期間，照理此城應獲得俄國之補給，但當時的暴君史達林根本不喜愛這個城市，他認為列寧格勒太西化、太學術、這座沙皇時代的名城，人民的叛逆性太強，獨立自主性太高，因此，他寧肯讓這個城市一再地淪入敵人之手，他想藉此清算一切舊仇新恨。而列寧格勒在浩劫之後展開艱困的重建工作，他們要恢復沙皇時代的原貌及歷史文化上的光輝，這方面他們是勝利了，我們如今驚羡的正是史達林所憎恨的：太西化、太學術、太有文藝氣息的「聖彼得堡」了！

我們造訪聖彼得堡時，恰逢星期六、星期日，聖彼得堡路上行人稀少，家家戶戶杳無人聲，彷彿一座空城。當地的導遊小姐說城中人都到郊外渡假去了。當地人民並非因富裕而渡假，只是由於生活習慣使然。今日莫斯科人民每月平均收入約爲一百五十美元，而聖彼得堡人民每月平均收入才八十美元，其中最低收入者僅月入四十美元（俄幣二十萬盧布）。因此市區內老舊房屋雖然堅固而整齊，但門窗、牆壁之斑駁、殘破看了令人心酸，人類歷史即將邁入二十一世紀，而這座十八、十九世紀帝俄時期的名城卻貧窮到如此地步，寧不令人扼腕浩歎！

這座城市瀕臨海濱，市區內有三條大河流過，它們的名字叫做：尼瓦河、摩卡河、噴泉河。其中尼瓦河的水量充沛得令人驚奇，流經市區最寬的河面超過五百公尺，而此河總長逾七十公里，發源自拉多加湖，是歐洲第一大河。車行市區所見幾乎處處是河流及橋樑，所有的市區建築都是古典的、俄國風格的，皇宮、大教堂、政府機構、貴族豪宅、聖彼得堡大學音樂廳、歌劇院、芭蕾舞劇院、博物館和大廣場等等。都是美麗絕倫地聳立於河岸邊，河水急急地奔流著，而所有古老的建築物卻靜靜地雄踞岸邊，這動與靜相映成一種很神祕詭異的氣氛，尤其我們剛到的下午，一個下午竟下了三場大雨，天空烏雲飛捲，地上人車稀少，這是怎樣一座謎城啊？

八月四日上午，我們乘座了大約五十分鐘的遊覽車到近郊去參觀沙皇時代的「夏宮」，夏宮建於波羅的海海邊，其土地爲層層梯形的廣大區域，最低層靠近海灣，沿坡而上種著許多樹木、綠草，其中最美麗的是造型繁複、階梯式的噴泉，噴泉間的人物雕像群不僅造形美麗、栩栩如生，而且竟全部鍍上黃金，熠熠生光呢！面對這一大片綺麗動人的人物、裝飾、大大小小或方或圓的水池，來自各種角度的噴泉，上沖天際，水花飛濺，雲霧飛騰，變化萬千的噴泉美景，耳畔嘩嘩的水珠聲，似乎掩蓋了世上所有的聲音，遊客恍若跌入迷離幻境，不知此刻是人間呢？還是天上？噴泉的上方，幾個穿著古代貴族服裝的人物來來往往（後來才知是專供和遊客拍照的，收費的工作人員），實在讓人產生時空交錯之感。這座園林，名叫「下花園」，層層低下，最遠處可以看見波羅的海的海平面，據說兩百年前，西方國家的貴賓們乘船來到此處，泊船之後登上這座花園，愈走愈美、愈壯觀，最後在黃金噴泉下驚羨、佇足，仰首之際，看見了這座雄偉華麗的沙皇「夏宮」，莫不肅然起敬。

沙皇的「夏宮」在二次大戰戰後，幾成廢墟，數以千計的珍寶不翼而飛，如今白色和米黃色相間的夏宮完全是戰後依原貌重建的，其中有幾間宮室的牆壁上貼著三百年前中國的絹畫，人物風格美妙動人，這是夏宮被燬後，人們從地下室裡找到的原來所用的剩餘絹畫，重新裝貼上去的，我看到這些當壁紙用的絹織品，既親切又感動，他們重視我們的絲織藝術品，且保存達三百年之久，歷經浩劫而猶存，眞的很不容易，在中國能否見到這麼古老又巨幅的美麗東西就未可知了！

夏宮以其奢華如神仙故事般的室內裝潢聞名，華麗的樓梯上有鍍金的人物雕像、鍍金的花紋雕飾，不知共用多少黃金？「御座見客大廳」面積有八百平方公尺大；舞廳的裝飾既華麗又寬敞，據說彼得大帝的愛女——伊莉莎白公主最愛跳舞，此廳在她的時代最爲熱鬧、輝煌。這位公主長得非常美麗，遲遲不肯嫁人，卻擁有許多情人，宮中有一個華麗的房間，其中有特設的大如兩張床的沙發，是供公主和許多情人共坐的。公主後來即位成爲伊莉莎白女王。伊莉莎白非常好客，宮中的女賓客房間，其中有一間起居室的佈置非常令我難忘，那一個房間的特色是密密麻麻地掛滿了少女畫像，共有三百六十八幅之多，少女的妝扮各個不同，包括帽子、髮型、服裝，由村姑至貴婦，姿態清秀嫵媚，各具迷人的青春活力，當地導遊說：「這些不同的少女畫，來自同一畫家之手筆，而模特兒僅有一位！」這位導遊年輕貌美，口齒清晰，中國話之流利也不亞於莫斯科的導遊瑪利亞小姐，只是她缺乏了親和力。

夏宮的正面長度約三百公尺，有數不清的大大小小奢華無比的房間，聖彼得堡居民們的重建工作做得多麼夠水準而又艱辛無比啊！夏宮的背面是一片廣袤無邊的森林花園，由於位置高，故名叫「上花園」，其中的春、夏、秋、冬四季女神塑像給予我極美的感受。

八月四日下午，我們參觀尼瓦河畔的沙皇「冬宮」。冬宮門前是一個極大的圓形廣場，當地人稱做「王宮廣場」，對面是極爲氣派的「參謀部」半圓形建築，這棟建築正中央有一個巨大的拱門，拱門上方鑲飾著六匹馬拖曳的凱旋戰車。廣場正中央的「亞歷山大圓柱」有五十公尺高，用重逾六百噸的花崗石切割而成，這個名碑直接置於台座上而不用任何支柱架撐，完全靠圓柱本身的重量和設計師孟特佛曼特的精確計算。圓柱上有一尊和眞人比例一樣大小的天使像，天使的容貌長得和俄皇亞歷山大一世（一八〇一～一八二五）相似，此柱建於一八三四年，紀念俄國打敗拿破崙的光榮事蹟。

至於「冬宮」，是白色、綠色、金色相間的建築物，它是目前所見世界最大的皇宮，佔地九公頃，室內總面積達四萬六千平方公尺。共有一〇五七個房間，一九四五扇窗戶，一一七座樓梯，每一個房間都是一件藝術作品，裡面又陳列了無數寶藏，其富麗堂皇與博大精深讓人看得目不暇給，頭暈目眩。「冬宮」幸而未經戰火洗禮，得以完整地保存下來。如今已成爲世界三大博物館之一，名叫「隱士蘆博物館」（另外兩大博物館是：倫敦大英博物館、紐約大都會博物館）。宮內的藝術品號稱有兩百五十萬件，每一件藝術品若看上一分鐘，那你得花七年才看得完！

在「冬宮」有兩輛女王乘坐的馬車，其中一輛爲鍍金的馬車，兩輛馬車的華麗與氣派遠遠超過我們的想像，不但中國的歷代皇帝會嫉妒，恐怕連上帝也要嫉妒了，人間的沙皇可說是全世界最奢侈的人物哩！至於用大量的白色大理石和綠色的孔雀石所打造出來的宮殿，其貴重也遠遠超過「凡爾賽宮」，如果你想看世界最大的皇宮，又想順便欣賞世界最大的博物館之珍藏，那麼聖彼得堡的「冬宮」一定不會讓你失望。「聖彼得堡」這座城市的本身也決不令你失望。

五、南歐篇

碧海青天南歐行

原來天空可以如此碧澄，海岸可以如此蔚藍。南歐之行，許多座名城便是上有青天、旁有碧海，海天交接處，在遙遠的城市建築背景裡，上下天光，一碧萬頃，令人分不清那是天？那是海？只見璀燦如藍寶石的色彩烘托出一座座的大都市，諸如：馬賽、尼斯、坎城、巴塞隆納、馬拉加、阿爾希拉斯、丹吉爾、拉巴特、卡隆布蘭加、里斯本……

住在台北盆地裡的人，或許有不少人渴慕海洋，盼望佇立海濱，呼吸一下大海的氣息，聆聽來自大海的各種聲音，讓燦爛閃耀的蔚藍給予我們新的生命力、新的思維方式。南歐之旅，帶著我們在地中海沿岸奔馳；在直布羅陀海岸上，體會歐非兩大洲之間的戰爭與文化衝突時的種種恩怨情仇；在里斯本的洛卡峽角面向大西洋吶喊並沉思……

在這裡海洋似乎不易為人所遺忘，海洋擁抱著大陸地塊，像母親輕搖著搖籃，嬰兒是無法分辨他該愛的是母親抑或是搖籃？在這歐非大陸的邊緣，人們究竟是鍾情於黃褐色的泥土，抑或是迷戀著美麗而多變的海洋？

當年西班牙、葡萄牙、摩洛哥等國的狂熱冒險家，便是如此這般的雙腳踩踏在大地上，心神魂魄卻飛向一望無際的大海洋。歷史上一頁頁的航海探險、尋訪新大陸、囊括金銀珠寶，進而燒殺擄掠、攻城掠地、興建大教堂、大清眞寺，最後是大皇宮、大別墅（行宮），眞是幾番興亡，無數春秋！

從尼斯、坎城、馬賽的法國蔚藍海岸，我們強烈地感受到烈日的燃燒無遠弗屆，大地的蒸騰伴和著海洋的呼吸，化作一陣陣令人微薰的海風，組成一首首地中海之歌，竟日裡吟唱個不休……

尼斯海濱

有人來尼斯渡假，爲的是享受美麗的沙灘和陽光，於是沙灘之上，有著上千的半裸的或全裸的遊客，迎著烈日作日光浴，看來似乎是另一種形式的對太陽神的膜拜。我們對這類炎夏的瘋狂式的曝曬深感迷惑，並不嚮往，只略爲覽觀片刻，便去尋幽訪勝也。穿過濱海公路，在對街找到一個充滿鮮花、水果和露天咖啡座的小市場，一束束包裝精美的鮮花、花色繁多而艷麗，讓人忍不住地佇足欣賞，連聲讚嘆，尤其那一束特大號的向日葵花束，彷彿得需兩三個人才能抱回家，那樣大的花束要安放在什麼地方呢？要送給誰呢？如果我能買下它，我想，我會送給「梵谷」的！

「好花不常開，好景不常在」這是中國人的幽怨情懷，然而法國人會運用頭腦，留住好花，留住好景，他們製造了「乾燥花」，使此情此景，永恆駐足。鮮花市場上，乾燥花幾乎佔去三分之一地盤，它們以各種面貌呈現，尤見法國人的慧心巧思與多情之一面。

水果攤上又是色彩鮮麗的一片，各類水果都排列得旣整齊又美觀，使人一見傾心，垂涎欲滴。王淑滿老師特別鍾情於一盒盒鮮紅的草莓；而我又看中了紅艷碩大的水蜜桃，兩人和攤販比手劃腳一番，結果是此人不收美元，只收法朗，我們初抵法國，尙沒機會換錢，只好對尼斯水果說聲「無緣品嘗，下回再來」之類的癡話了。

迷你小國：摩納哥

提到蔚藍海岸的地中海小國摩納哥，我們立刻會聯想到早年好萊塢具有高貴氣質的大明星葛麗絲凱莉來，她主演的「日正當中」、「後窗」、「紅塵」、「天鵝公主」都是轟動一時的好電影，後來她被摩納哥的雷尼爾王子娶回國，當上了王妃，從此「摩納哥」這蕞爾小國的名氣便揚名天下，影迷們愛屋及烏，愛王妃也就更憐惜摩納哥了。

其實摩納哥是個小小的依山傍海的國家。新城區即是舉世皆知的賭城——蒙地卡羅。由於此國經濟全靠觀光客來此賭博爲命脈，因此各類現代化的高級賭場和旅館、餐飲業特別發達。小國依山而建，高樓大廈林立；港灣深藍，停泊著來自世界各國的華麗遊艇和本國的觀光船隻。如果少了建築宏偉的皇宮和教堂，你幾乎以爲置身於香港呢！

摩納哥全國面積約一・五平方公里，人口約五千人。加上外籍人士，總人口約三萬人，他們眞可謂小國寡民，道家思想的易治之國，不過經營的竟是賭博，我國道家思想的列祖列宗若死後有知，恐怕也會視之爲「離經叛道」的國家吧？

這個國家的現代建築極具美感，羊腸似的小公路竟是交通順暢，警察管制極爲嚴謹。從公路上任何角度都可見到碧澄澄的地中海和無污染的蔚藍天空。

摩洛哥的皇宮和大教堂建築在古城區的懸崖峭壁之上，下臨湛藍的大海碧波，顯得格外巍峨肅穆。大型遊覽車駛入皇宮的停車場後，大家下車步行，最初以爲要爬階梯上山，結果想不到居然搭乘現代化的電梯升登至古代的皇宮廣場，實在是匪夷所思哩！

雖是小小的國家，但皇宮的建築氣勢雄偉，衛兵站崗、換班，禮儀嚴格，完整無缺。廣場上國旗飄揚，自有一番傲岸氣象。皇宮旁有一座美麗的大教堂，可以進去參觀，原來摩納哥的國王、皇后代代相傳，均安葬在此教堂大理石地面之下。我們繞了一圈，終於找到了葛麗絲凱莉王妃的陵寢，她的芳名刻於石上，她的音容笑貌則清晰地印在我心中。王妃的長眠地和任何一位國王或后妃一樣，只是圍上簡單的護欄，一小塊長眠的高貴土地，但是我發現，唯有她的墓前有幾束鮮花，這幾束鮮花是誰默默獻上的？實在令人好奇地想去猜測一番。

離開皇宮與教堂，大家招呼著快去停車場集合並上車。我和王淑滿老師又「抓住」美景拍幾張照片，沒想到抵停車場時竟連本團一個人影都找不到，頓時兩人有了「糟糕！我們走丟了！」的感覺。後來在更下一層樓找到了本團車隊，當時雖只三、五分鐘的脫隊，但那種夢幻般迷路的感覺將是畢生難忘的。而皇宮的停車場有兩層「長得」一模一樣的，也應是觀光客事先應料想到的。

我們參觀了「蒙地卡羅」一家豪華的賭場，有人去小試身手，我和王老師則去參觀賭場大客廳，美麗的大廳陳設著藝術雕像、華麗的水晶吊燈，以及氣派非凡的沙發。坐下小憩，恍若置身於皇家客廳，忽聽動人的音樂飄然而至，使人幾疑昔年的王子與王妃即將翩然起舞，華爾滋的旋律正一波波地在腦際迴旋呢！

西米埃地區

尼斯市郊有一座古羅馬時代遺留下來的大型建築遺址，旁邊尚有一座圓形劇場廢墟。大型建築遺址上留下石造的牆壁、迴廊、拱形門窗以及巨大石柱的殘骸，爲了保護遺蹟，建築物的四周圍以網狀透空圍牆，既方便遊客遠觀而又無安全之虞。這個地方名叫西米埃地區。

西米埃地區的可愛，在於它能將古羅馬的廢墟變成一座大公園。參天的古木，幽寂的小徑，似乎都爲了古羅馬這一大片斷垣殘壁而設計構築的，樹木花草因廢墟而生存，鳥雀們又因樹木花草而生存，而森林中的廢墟彷彿成爲露天博物館裡的大型樹窗，一棟巨大的古建築殘骸便在那兒永續地展出。

圓形劇場的廢墟亦在不遠處，廢墟的石牆很高，彷彿是兩層樓設計，留出走道，一個個圓形的拱門似乎代表著一個個劇場的包廂，也是巨石打造出的，彷彿預備給後代使用千年以上似的。望著這渾圓的劇院遺址，可以想像當年羅馬時代的繁華富麗景象，如今竟落得個滿目淒涼、滿目滄桑！

熱情的法國人似乎刻意地要消除這種淒涼的景象，他們在圓形劇場廢墟的後面山坡上，修建了一座美如仙境的大花園，這座花園用盡了巧思，它的花廊、花圃，高低層次的設計，栽種花卉種類之多，烈日下花兒不畏高溫，似乎誤以爲是春天來臨般的爭妍競艷，眞是美得教人目眩神迷。從花園的邊緣尚有無限的視野，可以俯瞰尼斯市全景。法國人化腐朽爲神奇，將一座座的廢墟古蹟與活生生的現代花園鑲嵌在一起，竟是那樣的自然融合，饒富詩意而又無斧鑿痕跡。人們來森林公園漫步時，一定不會忘記來到這兒賞花覽景，據說尼斯市民也常來古羅馬圓形劇場開音樂演奏會，試想在蔚藍海岸的星空下，聆聽一場在兩千五百年以前的古劇場所演奏的音樂會，耳畔有地中海的海風輕輕吹拂，空氣中飄送著陣陣花香，此情此景，教人不爲之心醉也難啊！

（原載國立台北商業技術學院校刊一九九七、十、三十）

光彩奪目的巴塞隆納

巴塞隆納是西班牙第二大城市，也是歐洲第三大港口。這座城市的地標是「哥倫布紀念塔」，五十公尺高，塔頂有哥倫布的銅像，像高七・五公尺，面向大海，象徵著西班牙人的航海事業對全世界的傲人貢獻。

這座城市也因有畢卡索的名畫和高迪的建築更提高身價，成為一個充滿藝術氣氛的都市。

畢卡索生於西班牙南部的馬拉加，十四歲至十九歲時隨父母家人在巴塞隆納度過。這座擁有一百五十萬人的城市舊市區中，在古老的窄巷內，有一座昔日某貴族遺留下來的豪宅，如今改裝成「畢卡索美術館」，古典而優雅，值得去飽覽大師之作品，尤其館內珍藏著許多他少年時代的素描、版畫，以及十五、六歲時便具有大師級水準的油畫，例如：他畫他母親側像，他畫妹妹受洗圖（油畫）都令人不敢相信這是出自十五、六歲少年畢卡索的手筆，他的天才與早熟令人讚嘆，何況他生命長，一生中又有多次的風格轉變，怎麼不揚名世界？

畢卡索的畫作眞跡靜悄悄地深藏在巴塞隆納市內一隅，彷彿隱居於歷史的扉頁裡，雖然看似神祕而又模糊，然而大師已永垂不朽，世上沒人不知道他的名字。

另一位天才建築師高迪（一八五二～一九二六年），一生幾乎未曾離開過巴塞隆納，卻為巴塞隆納遺留下許多建築藝術的瑰寶，在全世界的偉大建築中，它們顯得異樣的出色，以及出類拔萃的天才風格！

高迪的建築聳立於巴塞隆納，光耀奪目，瑰奇雄偉，和珍藏於深巷巨宅中的畢卡索名畫是大異其趣的。

高迪的建築藝術包括：聖家族教堂、惠埃公園，以及散佈於市區內的高級名宅。她的建築設計，異乎尋常的神奇與富麗，那是必須將繪畫的絕頂天才加之於建築設計的絕頂天才上，才能夠融合而誕生的。

獨創一格的「聖家族教堂」約在一百年前就動工了，是高迪的代表作，至今尚未完工，推測完工的日子還得等上一百年，甚至兩百年吧？前門內有高迪的設計圖，他雖已作古，但後繼的弟子及再傳弟子們會持久地努力下去，完成這件不朽的建築傑作——最奇特美麗的大教堂的。

聖家族教堂已完工的是耶穌誕生門及前後八座圓椎形、鏤空雕刻般的尖塔，高聳入雲，氣勢雄偉，不由得令人敬畏：神所賜給人類的力量難以預測，祂想要完成的心願終必有人會前仆後繼地去完成的。

耶穌誕生門雕刻著耶穌自誕生至被釘十字架一生的故事，門旁有一面正方形、劃上十六格的阿拉伯數字碑，每一小格內均刻上一個數字，因此橫看四格的數字加起來是三十三，豎看四格的數字加起來也是三十三，甚至斜加四格（即對角交叉斜加）的數字也是三十三，據說那是代表耶穌在世上活了三十三歲，眞的非常有趣。

仔細欣賞聖家族教堂前門的雕刻筆觸粗獷，很具現代藝術的風格，而後門的雕刻筆觸則繁複細膩，又很古典而奇幻！大廳正在築牆，工程仍在持續中。

高迪另一大型作品是建築在市區一座山丘上的「惠埃公園」。園內的房子造型特異，有一條彎彎曲曲的走廊是鑿山而建的，支撐它們的是八十六根大柱子，有些柱子以巨石疊成，造型是棕櫚樹，斜斜地生長，樣子顯得古怪而可愛。石柱上頂著一片平台，據說是音樂台兼戶外劇場。它的短牆又作波浪形，鑲嵌著彩色馬賽克磁磚的美妙圖案，惠埃公園內處處流露著這位天才建築家的童心與巧思！

乘坐遊覽車繞經市區時，也時常可以看見高迪設計的房屋，他所設計的房屋一眼便分辨得出來，因爲太特殊、太有趣，也太大膽了！譬如彩色波浪形的屋頂、半圓的天窗、有趣的尖塔，甚至連陽台和窗戶看來都像舞台中的面具呢！高迪認爲最好的建築應與大自然配合，而大自然沒有直線，因此他的建築物最大的特色是——沒有直線。

據說有錢的日本人很想把高迪設計的房子買下來，拆開，運回日本重新組合，因爲他們太喜歡這種富有創意的房屋設計了！但是西班牙人更珍視他們的國寶，決不出售！

此市人民平均月入西班牙幣十二萬元，相當於台幣兩萬多元，然而市區建築物維護得很好，市容清潔美觀，人民樂天知足，充分能享受美好的人生。我們離開巴塞隆納的那一天，剛好全西班牙開始放暑假，這個暑假長達一個月，許多商店都關門度假去了，只有觀光地區或某些市場、旅舍、藝品店才營業。西班牙人最懂得生活的藝術，決不會讓生活的重擔牽著他們做苦力、浪費生命中的好時光。

（原載青年日報一九九七、九、十四）

膽戰心驚看鬥牛

西班牙許多重要城市都設有圓形的鬥牛競技場，建築物宏偉壯麗，佔地極廣。到西班牙若是沒有看鬥牛表演，可以說是白去了，因爲這是他們的國粹。猶如到紐約而錯過著名的百老匯歌舞劇一樣，日後想想，沒有不後悔的。

鬥牛表演只在星期天演出。由於行程安排妥當，我們這團從台灣來的遊客，得以在馬德里一償宿願。同事伍老師吃齋信佛，不忍見鬥牛的屠殺場面，遂單獨留在鬥牛場外閒逛。我們則跟著導遊，浩浩蕩蕩地進去觀光一番。

勇士出場　蠻牛狂奔

圓形的露天競技場，四周全是水泥台階的觀衆席，向陽的座位門票較便宜，太陽照射不到的座位較貴些。中間的圓形柵欄內覆以黃沙，人與牛的搏命拚鬥便在這兒上演。

我們看的是晚上七點到九點的那場，但西班牙明亮耀眼的陽光猶如台灣的正午般炎熱，幸好我們坐在陰涼處，方可享受高溫中的地中海涼風徐徐吹拂。

當正前方的樂隊吹奏起喇叭，好替鬥牛士鼓舞士氣時，一場驚心動魄的鬥牛表演由此展開。各種裝扮的鬥牛士出現了，有的步行，有的騎馬，人數約二十餘名，當然，穿著最華麗的那一位便是勇士中的勇士——男主角了。觀眾給予熱烈掌聲後，他們又都退回柵欄外的休息處，等候各自的出場時段。

此時場內一片死寂，每個人都凝神屏息，等待那頭蠻牛的出現，忽地一片驚呼：「啊！」一頭巨大的西班牙鬥牛出現了。

牠被人從柵欄口放了出來，遂在場內拔足狂奔，兩隻彎尖的牛角是牠致人於死的武器。牛背上插了數片鮮豔的緞帶，也是人攻擊牠的標記處。無知的牛驚慌地面對如此大的舞台，似乎嚇壞了，不久，牠孤零零地站住、發愣，一時之間不知如何是好。

「啊！」又是一陣驚呼！此時，從另一端衝出一名騎士，全身包裹緊密，騎著馬，穿著長靴，他的馬也全身覆以護罩，連雙眼也戴著眼罩，以免馬看見鬥牛而驚慌。

紫紅披肩　掩牛耳目

此人手持長矛，拚命用力地向牛頭刺入，拔出長矛後即騎馬快逃，只見蠻牛鮮血涔涔流下，我們便開始大呼：「殘忍！殘忍！這是多麼不公平的競賽！」

牛的頭開始劇痛，牠真的發怒了！坐在我右邊的王淑滿老師摀住眼、低下頭直說：「我不敢看了！」從此時起，她真的什麼都沒看見。坐在我左邊的是同事何玲琳老師，她抓緊我的手臂，彼此勉勵，繼續看下去……

另一位鬥牛士出現了，他穿緊身華服，以傲人的身材向觀眾行禮，眾人又報以熱烈掌聲；接著他抖出一件紫紅色披肩並以紅色那面刺激蠻牛的注意力。當蠻牛向鬥牛士猛衝過來時，他機伶地揮動披肩，讓牛衝撞紅披肩而他卻擦身閃過，不慌不忙、姿態優美。

一旦情況危急，他就迅速地將披肩的紅色面翻過來，露出黑色面，牛遂滿腹狐疑地停了下來。因此，鬥牛士手中的那面披肩，時紅時黑的，像變魔術般，一會兒把牛惹火了，一會兒讓牠變得遲疑不前！

這位鬥牛士便在這些優雅的招式下，冒著生命的危險「逗」弄著這頭三四百公斤重的大蠻牛，因而贏得全場「Bravo！Bravo！」的讚美聲和不斷的鼓掌聲。

前面那位鬥牛士下場休息去後，緊接著上場的是一位步行而出，雙手分握四支短標槍的鬥牛士。他以快速且乾淨俐落的動作，將四支短標槍猛力地刺入牛背上以緞帶標記的部位，分毫無差，又贏得全場的驚叫與歡呼！

可憐笨牛　一命嗚呼

只見此人刺完牛背後落荒而逃，甚至飛躍翻跳逃至欄外，蠻牛背上插著四支標槍鮮血直流，可憐的牠痛得用角去頂撞柵欄。我們又氣憤地直罵：「不公平！不公平！那能這麼殘忍！」但仍忍不住繼續看下去……

鬥牛士中的主角又出現了，此時，他手裡的披肩裡顯而易見地藏著一把劍，「天啊！快殺牛了！求求上帝……」所有人屏息觀望，場內氣氛凝重，不知究竟是牛死，抑或是人亡？

鬥牛士又揮抖著紅黑兩色的大披肩，姿態鎮定而優雅，以迅捷輕妙的動作閃躲著蠻牛，並在閃躲跳躍之際，以迅雷不及掩耳的速度向牛一劍、一劍地猛刺過去，我們忍不住地罵「大笨牛」。只因牠不知道害牠痛苦的，就是天天餵養牠的人類，而不是那紅色的怪物。

經過幾番的搏命演出後，牛受重傷，人也累了，觀衆也嚇破膽了。當最後一劍刺入牛的心臟，牛不支倒地後，鬥牛士更以英勇無比的姿態接受觀衆的掌聲與歡呼，牛的屍體則被數匹馬車拖出場外，血跡在沙地上畫出一道令人永難忘懷的恐怖記憶。

「太不公平了，世間那有這麼不公平的事！」

「太殘忍了，那麼一群人一刀一劍地去慢慢殺死一頭牛，不如一劍就殺了牠，免得牠受苦受難！」

「國際保護動物協會爲什麼不制止這種野蠻的鬥牛表演？」大家議論紛紛，急急離去，原本一場表演要殺六頭牛，我們實在不忍看下去。散場時我問一直摀著眼的王淑滿老師：「妳都沒看到吧？」只聽她抱怨道：「我雖沒看，妳們倆卻一直在一旁實況轉播啊！」

（原載聯合報一九九七、九、十三）

佛朗明哥舞　洋溢西班牙的熱情

馬德里的市區街道上經常有溫度顯示器，太陽在這兒熱情如火的照耀，絲毫不肯放鬆似的，陽光終日燦爛奪目直到黃昏；建築物多半是白牆紅瓦，充分反映著藍天下的亮麗陽光和熱烈燃燒般的人類感情。

久聞西班牙著名的傳統舞蹈——佛朗明哥舞，以往只片段在螢幕上出現過，畢竟沒有身臨其境、切身體驗的感覺，這一次拜訪西班牙的首都馬德里，當然不能錯過這難得一見的好機緣。在參觀完皇宮和普拉多美術館之後，晚間的重要節目就是欣賞佛朗明哥舞表演。一行人魚貫而入，起初不覺得這個舞廳有什麼驚人之處，但走進廳內，每個人都不禁輕呼：「哇！這麼華麗呀！」「眞正是金碧輝煌呀！」

眼前呈現的是阿拉伯回教式的室內裝潢，拱門、彩色磁磚、壁畫和壁上的木雕、天花板上的木雕，全部是具有回教文化特色的設計——圖案包括幾何圖形、花草圖形和阿拉伯文字，而絕對不使用人物雕像，因為回教徒信奉阿拉為唯一眞神，絕不敬拜其他偶像之故。這些彩繪圖案色彩繁富而鮮艷，其中特別璀燦奪目的是大量的使用金色、紅色、藍色和白色。鮮麗的色彩、精緻而整齊的圖案、華麗的拱門雕刻由地面、牆壁至天花板，密佈到幾乎無一空隙可言，這就是回教式的華麗與富艷之美，另一種文化之美，教人不激賞也難！

佛朗明哥舞的表演舞台在正前方，舞台爲木製地板，台面不大。舞台的正前方和左右兩側都是觀眾座席，來這兒的觀眾可一面用餐，一面喝飲料以欣賞表演。左右兩側還特別有樓中樓的觀眾席。已是馬德里的晚間九點半了，外面是遲來的夜晚和火熱的黃昏交替時分，裡面卻是另一個火熱的夜宴的開始，人們口中享受西班牙美食、眼中欣賞回教式的華麗廳堂佈置，耳中響起了熱情的吉他舞曲，穿著鮮麗舞衣的西班牙女郎也在舞台上出現了。

舞台上共有八名男女，四位男士擔任伴奏和歌者，四位高䠷健美的女郎擔任歌者和舞者。節目一開始即爲一首熱情而哀怨的歌曲表演。雖只有兩人彈吉他，一人手持一副小小的響板，但讓人萬萬料不到的是：音樂聲竟響亮到如此震撼人心的境界，若是再增加麥克風設備的話，一定教人無法忍受而要奪門而逃了！可是，音響卻恰到好處，熱情如火，卻又教人怡然沉醉！

佛朗明哥舞曲的特色是：除了彈吉他的、拍響板的人以外，每人均能一面唱歌、一面擊掌、一面踏腳；歌聲嘹喨直入雲霄、掌聲響亮節奏分明、踏腳時震動地板，地板忽地變作了一個大共鳴箱，猶如一個超大型的音響裝置，眞令人震驚與讚嘆！

唱完了歌，接下來的便是傳統的佛朗明哥舞蹈，有單人舞、有團體舞；高䠷的美麗女郎，頭戴鮮花，身穿鮮艷的舞衣，長袖長裙、低胸窄腰，裙襬層層而下，愈到低層愈見層次繁多，當女郎們熱情用力踢踏地板時，手姿千變萬化，時而撩動舞裙，露出數不清的層次和量不完的寬大裙邊，以及修長健美的大腿時，便是最最熱情撩人的時刻！她們一面唱、一面扭、一面擊出響亮的掌聲、一面足踏既沉重又敏捷的舞步，這些動作快速且力道強勁，看起來千變萬化而又不失其主旋律之優美，「不容易學呀！」「不容易跳呀！」觀衆忍不住由衷讚美！

這種西班牙南部安達路西亞的民族舞蹈，其來源有各式各樣的說法，一般認爲它是回教文明及吉普賽熱情歌舞的混合體。具有強烈的節奏感和艱難的踢踏舞舞步特色，配合著熱烈而哀怨的情歌情調，教人不感動也難！

舞者有年輕的、有中年的；有白皮膚的、有棕色皮膚的，是道道地地的拉丁民族，是基督教文化和回教文化下的熱情浪漫人種。西班牙所在的伊比利半島與北非的西北部中間隔以地中海與大西洋，穿越直布羅陀海峽是最快的捷徑，因此西班牙自第八世紀至十五世紀末，受到來自北非的摩爾人統治七百餘年，回教文化席捲西班牙，在回教教徒的統治下，使得西班牙雖地處歐洲，卻不像個歐洲國家。

熱情浪漫魅力十足的佛朗明哥舞不易學，甚至那種迷人的笑容和眼神也不易學，它們是與生俱來的，在整個民族遭受強大壓力下，配合著伊比利半島上特有的艷麗炙熱的陽光，所孕育出來的既樂天又含著些許悲傷的民族情懷，這種情調不是一朝一夕所形成的，而是有著滄桑的歷史背景的。

（原載中華日報一九九七、十、十六）

西班牙古都——托雷多

遊覽了西班牙幾個著名的都市，如巴塞隆納港口的傲人氣派與市區內濃厚的藝術氣息，如首都馬德里的遼闊宏偉與鬥牛表演的恐怖刺激，如哥多華的清眞寺與浪漫綺麗的花街（綴滿鮮花的小街小巷），如格拉那達的回教式皇宮與花園美景，在在都予人深刻的印象。但是，猶有一座小小、古老的山城，滿是中古時代的建築，美得令人難以忘懷，美得讓人懷疑自己是否眞的走過一趟人間仙境？又或是夢遊一次中古的童話國度？那座城市就是西班牙的古都——托雷多。

從馬德里乘巴士西南行六十七公里，在乾燥荒涼的平原上遠遠地浮出一座山城，這座城市建築在紅褐色高度約五百公尺的山岩上，城的周圍有一條清澈碧綠的護城河，它的名字叫太加斯河，輕柔如夢地繞城而流。

托雷多在公元三世紀被羅馬人統轄下成爲自治市時，便已有名了。此後西班牙歷代王朝都曾以此地爲首都。十六世紀初期，查理五世領導神聖羅馬帝國，亦以托雷多爲都市，將海權伸向歐洲及美洲，並擴展領土，使得西班牙稱霸世界。

一五六〇年時，腓力二世嫌此城太小，無法擴展，遂將首都北遷馬德里。

其實任何人只要一眼看見托雷多，便會立刻愛上它，肯定它應該是個具有王者氣象的城市。跨越美麗的太加斯河，必須行經堅固的石橋，接著進入一座彷彿與二十世紀脫了節的中古城市，因爲這兒看不到任何一棟現代建築！

眼前出現的是氣勢雄偉的巨石打造的城門，由此步入市區，地面全是石磚，清潔而沒灰塵。狹街窄巷，曲折蜿蜒，忽高忽低，斜徑通幽，美不勝收。所有的建築物都精緻而古樸，所有的商店都令人欣賞得寸步難移。店主人的親切和藹、手工藝品的精巧迷人，使得我們一面欣賞古城奇幻之美，一面不忘搜購迷人的紀念品。這兒密布著中古時代僅容馬車經過的小街，以及可容一、兩人並肩而過的窄巷，如果稍不留心，幾分鐘之內便會和團友走散，而迷失了方向。

在這樣的一座中古山城裡，你唯一的交通工具是靠雙腳步行！沒有公共汽車、計程車等等，現代化的交通工具必須停在山坡下，或護城河外的公路旁。

托雷多的金銀鑲嵌手工藝品最爲著名，巧奪天工的瓷盤、瓷玩偶更是西班牙瓷器中的上品。這裡特殊迷人的歷史文化氣息吸引了許多畫家，他們來此寫生，彷彿有永遠畫不完的美景，所以買幅小油畫也是一件令人心醉的美事。

我們先參觀一座大教堂，這座教堂號稱「世界第五大教堂」，外觀一共修築了三百年，完工後內部的裝飾又花了三百年時光。接著又參觀一座小教堂，這座小教堂因擁有中世紀西班牙大畫家艾爾・葛雷柯（一五四一～一六一四）的名畫眞跡——「阿爾加斯公爵的葬禮」

而聲名大噪，來此欣賞名畫眞蹟的遊客絡繹不絕。

「阿爾加斯公爵的葬禮」是一幅巨大的教堂壁畫，據說阿爾加斯公爵是個大好人，生平做了許多善事，畫面上畫滿了人物，下半是人們哀傷地爲他舉行葬禮，在左起往中間數第六人，那便是畫家艾爾・葛雷柯，他把自己也畫進了人群中，前面有大主教和執事者抱著公爵的屍體，左側有個小孩子，據說是畫家的兒子，他竟也將自己的兒子畫了進去。畫的上半是天堂景象，聖母、耶穌正指揮天使們迎接公爵的靈魂升天，如果你仔細地看，還果眞能看見畫家畫出的「靈魂」形象呢！

中午我們在此城品嘗了道地的西班牙海鮮飯，從飯店的窗景中又欣賞到古城夏日另一番幽寂的景象，中古時代的光輝王朝、英勇的騎士、出海的航海探險家、美麗的山城公主和山城少女，俱往矣！如今這座古城據說只有五萬多居民，過著與世無爭的寧靜生活，說它是「西方的桃花源」也不爲過啊！

我們的旅行團從馬德里一天之內趕了四百二十八公里路，晚上抵達哥多華（在西班牙南部）。而托雷多只是中途經過的一座城市，我們只停留了四個多小時，那四個多小時短得像夏日一場幽夢，多麼奇幻而神祕，多麼浪漫而唯美！如果以後還有機緣，我會選擇在托雷多多住上幾天的。

（原載青年日報一九九七、十、十二）

哥多華的傳奇

自西班牙旅遊歸來，每每提到「哥多華」這座城市的名字時，聽的人往往心頭一驚，繼而眉頭一綯，以為我說錯了地名，原來國人最熟悉加拿大的「溫哥華」，卻不知西班牙尚有個「哥多華」呢！

哥多華距西班牙的幾何中心，也是首都的馬德里，有四百二十八公里的路程，位於西班牙南部瓜達爾幾維爾河畔，屬於安達路西亞地方，如今是個寧靜的都市。但哥多華在歷史上曾有無比光輝的時代。最早這裡是迦太基人建設的城鎮，在羅馬時代曾盛極一時。自公元八世紀起，來自北非的摩爾人在此建立回教王國的首都，直到一〇三一年。哥多華在回教徒統治的三百年間，成為當時歐洲最大的都市及學術中心。十三世紀始，這個由阿拉伯人統治的王國逐漸衰微，在一二三六年，基督教的卡斯提爾王又從阿拉伯人手中奪回本城，從此又回到基督教的懷抱。

我們的旅行團於黃昏時分抵達這座寧靜的城市，車經瓜達爾幾維爾河畔，只見一座美麗的羅馬時代的石橋橫跨河面，營造成一種奇異浪漫的異國風情，讓人忍不住地急於去了解這座城市。放下行李，步出旅館，我和王老師、賈老師母女四個人被停在街口的出租馬車吸引住了，比手劃腳地講好價錢，中年的馬車伕便請我們上車，在馬蹄的躂躂聲中，穿過大街小巷，古老的市區、古老的教堂、巷內富人的住屋和貧民的住宅都一覽無遺。黃昏落日遲遲，馬車伕熱情介紹的西班牙語在半聽半猜下，我們四個人對這座城市的重要面貌總算有了一點認識。只是繞行四十分鐘之後，下車時車資突然漲價了，弄得我們一頭霧水，幸而有懂英語的西班牙人前來幫忙，才消除一場誤會。我們四人掏光了身上所有的西班牙零錢才勉強湊足車資，當時，眞的好緊張。

次日清晨本團有兩位女老師在河邊拍照，被當地人搶奪了相機，又要進一步搶劫皮包，幸經兩位老師奮力抵抗後得以逃離現場。可見旅遊中意外事故隨時會發生，最好不要一、二人脫隊而遊。

位於我們旅館近處的清眞寺，就是哥多華最値得觀賞的名勝古蹟。這座大清眞寺長一八〇公尺，寬一三〇公尺，寺院中間是一個種滿柑橘的「橘園」。清眞寺建於公元八世紀（七八五年起）至十一世紀年間，是摩爾人在此建立回教王國的全盛時代。寺院中有一千多根石柱支撐住許多回教式的拱門。這一千多根圓柱及拱門是用大理石、花崗岩和條紋瑪瑙做成的。支撐著廣大而黝黑的寺院屋宇。

導遊告訴我們，如今這一千多根石柱只剩下八百五十根了，因爲在一二三六年基督教徒自回教徒手中奪回了哥多華，他們將清眞寺的中央拆除一百多根石柱，而在原地修建了一座基督教的禮拜堂，內含唱詩班台、大型管風琴等，當我們走到大清眞寺的中央，果眞找到了基督教教堂時，人人不禁稱奇：回教和基督教兩種宗教文化竟能包容並存到這種地步！

回教教義中只信奉阿拉爲唯一眞神，嚴禁拜偶像，因此寺院的裝飾畫全是幾何圖形、花草圖案、阿拉伯文字圖案，而沒有任何聖像雕塑。基督教教堂則充滿了聖母瑪利亞、耶穌基穌受難雕像，以及一些聖人像。所以參觀這座哥多華的回教清眞寺和天主教教堂混合在一起的大建築，也可算是見識到世界另一大奇觀了！

莊嚴的寺院、教堂巡禮完成，導遊帶我們去逛市區，其中最奇美的一部分是隱藏在深巷中的「花街」（也有譯名爲「花間小徑」的）。這條既深且窄的巷弄中，原來全是手工藝品店，人們刻意地把鮮花和盆栽放置在櫥窗前，引蔓藤爬到牆頭上開滿了鮮花，纍纍下垂，人經過時花兒拂動你的雙肩，芬芳撲鼻而來。有些人家置盆栽於樓梯台階上，有些懸掛在屋簷下，像風鈴般地擺盪，巷中的建築物常見回教式的拱門及圓柱，白色反光的牆壁和碧澄澄的藍天，把花街襯托成一幅一幅眞實而又明亮的圖畫，走在這般羅曼蒂克的風景裡，妳不快樂也難！妳不選購一些紀念品和畫片也難！

這就是西班牙哥多華的城市風光，神祕而熱情，浪漫而令人迷惑。或許是中午四十度C的高溫令人暈眩，或許是回教和基督教兩種文化交融的奇異現象，教我們刹那間難以接受與適應吧？總之，哥多華是充滿了傳奇色彩的一座古城。

（原載國立台北商業技術學院校刊一九九七、十二、十八）

格拉那達的阿拉伯皇宮

格拉那達是多麼陌生的地名，又不知置身於多麼遙遠的地方？阿拉伯皇宮則更是幼年夢幻裡的迷離故事誕生地了，它們究竟在何處？人間豈眞有此魔幻境界？此生可以尋覓得到嗎？

在西班牙南部安達路西亞的沃野上，在種滿橄欖樹的山丘間，我們終於見到一座古城——格拉那達。這座古城原來是統治伊比利半島長達八百年之久的來自北非的阿拉伯人最後一個據點。西元一二三六年信奉基督教的卡斯提爾王從信奉回教的掠奪者阿拉伯人手中奪回了哥多華；一四九二年，裴迪南、伊莎貝拉兩國王又攻陷了格拉那達，才光榮的結束了阿拉伯人在伊比利半島上的八百年統治史，西班牙重回基督教的傳統文化懷抱。

西元一四九二年可算是西班牙最光輝的一年，伊莎貝拉女王還在格拉那達的阿拉伯皇宮裡接見哥倫布，她大力支持他的航海探險計劃，並鼓勵他去尋找新大陸。哥倫布的成功遂爲西班牙帶來了傲視寰宇的極大成就，寫下了西班牙歷史最璀燦的一頁！

「格拉那達」好古怪的名字，唸起來彷彿你的舌尖會跳舞，聽起來又像是魔術師在唸咒語，經查證後方知西班牙文「格拉那達」的原意即石榴果，石榴遂成爲格拉那達的市徽。西班牙各地均可見到石榴樹，這種植物花朵小而紅艷奪目，可供觀賞；而所結的果實卻碩大而形美，顏色殷紅而果粒甜美多汁；剝開部分外殼後，你可以看見那一顆顆顏色如紅寶石的果粒，閃耀著如葡萄酒般的醉人光芒，它們亂中有序地排列著，一層又一層地包裹著，仔細地剝時，你會以爲在解剖一座蜂巢，慢慢地品嚐時，你會以爲在嚼碎一顆顆的紅寶石。吃石榴是一件麻煩的事，不過卻是所有水果中最能享受到：視覺美、味覺美、想像美的完美水果，慢慢觀賞、仔細剝開、用心品味，吃石榴會磨練你的耐性、提升你的審美觀，因此，建議你一年至少抽空品嚐一個石榴，當然是進口的特大號的石榴，而不是本地觀賞用的小小石榴。

再回到主題吧：在「格拉那達」市東端的阿爾寒布拉山上，阿拉伯人從十三世紀起，便修建了一座美麗絕倫的「阿爾寒布拉宮」，以阿拉伯語翻譯，即「紅城」之意。宮殿的外牆是紅土的顏色，初看不甚起眼，及至進入宮內參觀，才震懾於阿拉伯式皇宮的廣大、雄偉與無與倫比的精緻和富麗。這種特異的阿拉伯建築藝術，又是地球上另一類奇葩，也可算是全世界多樣文化中應該共同寶貝珍惜的一種，藝術無國界，住在地球村裡的人類應有如此胸襟與眼光才好。寫到這裡，我忽然間想起那位導遊「罩得住先生」，長得既黑又粗，一副狂傲不羈的樣子，最初我以爲他是菲律賓或印尼人，想不到竟是咱們中國人；原來心中有些排斥他，經過全程南歐旅遊之後，竟想不到他是我所有旅行中遇到的最有內涵、最負責任、最最傲慢的一位導遊，欣賞藝術要有包容心、觀察一個人也同樣得具包容心。這位綽號「罩得住」的先生，某一天忽地心血來潮，把他珍藏的一卷非洲音樂在車中播放給大家聽，於是在伊比利半島夏季的乾燥原野上，我們不再無精打彩，在滾滾的熱浪裡，我初次聽到來自非洲沙漠與原野上的風吹沙聲、獅吼聲、斑馬群奔聲、大象歌唱聲、許多罕見罕聞的怪鳥鳴聲，百蟲的合唱聲、獨唱聲、眞是妙不可言！誰還能說非洲的文化藝術落後呢？聽聽這來自非洲大陸的大自然音樂，它的水準不比任何一位文明大國的音樂遜色呢！音樂無國界、藝術無國界，建築藝術也是藝術之一類，欣賞的心靈與眼光，自然也渾然忘我，超越了時空、超越了國界。

阿拉伯式的皇宮外觀堅固、樸素而雄偉，內部裝飾之精緻華麗，可以用「窮奢極欲」四字以形容之。大廳和走廊間均以美麗如玉的大理石石柱以支撐，大理石柱子與屋頂、廊頂之間的斗拱，全以來自黎巴嫩的質地細密、堅固耐用、且散發香味的香杉木連接。在這些名貴的木材上，工匠們費盡巧思，雕刻成繁複已極的花紋浮雕，以及鏤空圖案。既是美觀耐用，又能流通空氣，並能散放名貴木料的天然香氣。

所有牆壁均分兩段設計，下半段以馬賽克磁磚作拼花圖案，精工細緻、嘆爲觀止。上半段以香杉木爲主，以便雕刻浮雕圖案，並襯以阿拉伯式拱門，可謂實用與美觀兼備。宮中庭院除了栽種花卉外，又喜種樹，其中以橘子樹、檸檬樹和石榴樹爲多。中庭裡有長方形碧綠的水池，由於回教徒信仰天堂中有四條河流，宮中也應該有，於是宮中各重要大廳裡皆引泉池之水流入、流出，形成很生動、很特異的景觀。

屋頂尤其講究，天花板也用香杉木製成，在上面雕鑿了無數的幾何圖形，花草圖形和阿拉伯文：「阿拉是眞主」的美麗文字圖象，飾以金粉、添以顏色，也堪稱瑰奇富麗、金碧輝煌！

宮內有四條水渠貫穿，以與天堂上四條長河互相輝映。沿著水渠，我們參觀了宮中不同的廳堂與不同的庭院佈置。回教的國王稱「蘇丹」，他有名份的妻子即有四個，分別住在後宮的四棟華宅裡，其餘的沒名份的妃嬪多得難以計數。幾百年前，這兒穿梭著許多頭戴面紗的神祕女子，她們被長期豢養、長期禁足，她們的愛恨情仇與自怨自憐，想必也和我們中國的宮掖生活相似吧？想到這裡，彷彿有一群美麗的宮女跳著阿拉伯舞，從眼前舞過，面紗上露出一雙雙又黑又明亮的眼睛朝著我眨呀眨的……

或許當年生活在這裡的宮女們唯一值得慶幸的事是：這兒有一座地勢極高、佔地又廣的皇宮花園吧！這座花園以巧奪天工的設計取勝，如果天堂裡有一座花園，也未必勝過這兒的瑰奇與富麗吧？我曾參觀過巴黎市郊的凡爾賽宮花園。它的美在於廣袤之美、氣勢之美，並結合了西方科技的噴泉池水之美，人物雕塑之美。然而阿拉伯式的皇宮花園，雖沒有自由浪漫唯美的人物雕像（因回教嚴禁拜偶像之故），但是它的美卻是集合了栽種的樹木花草、具有拱門的長廊、花圃中長長的水渠、細細的交互噴射的噴泉來造景的，它的效果奇特而迷人，是具有回教的特殊風格的。

阿拉伯人擅於栽種絲柏，利用青翠碧綠、針葉如絲的「絲柏樹」，修剪成一人多高的樹牆，樹牆之間又修剪著一座座的拱門，令人穿梭其間如入迷宮。筆直的水渠內有涓涓的活水流動，細而彎的噴泉互相噴灑，睡蓮悠閒地在水面盛開。

渠旁的花兒怒放，在炎夏的高溫下，玫瑰花卻開得如同英國玫瑰一般碩大而嬌美，眞令人稱奇！藍色的、黃色的不知名的小花濃艷而幽香，九重葛恣意地攀上長廊，爬上花棚，紫紅的花朵比綠葉還茂密；夾竹桃密植，濃蔭中只見花海蔽天。從法國蔚藍的海岸一路行來，除了「橄欖樹」、「絲柏」牢牢地抓住我的視線外，令我悠然神往的竟是「夾竹桃」了，夾竹桃俗名「斷腸紅」，在台灣我只見過粉紅和白色兩種花色，而在這南歐特有的藍天和烈日下，夾竹桃的花兒卻有純白色、大紅色、紫紅色、桃紅色、鵝黃色、淡黃色、淡綠色、似乎只差藍色和黑色兩種罷了。也許地中海的天空太藍了，上帝說：「這裡的夾竹桃不能再藍了！」也許全世界的花兒都沒有黑色的，上帝說：「我不喜歡黑色的花兒，這裡豈能例外？」於是，幾乎調色盤的顏料都在這兒派上用場了，這種綺麗美景，我不能錯過！我不能不讚美。

站在美妙的皇宮花園向四周遠眺，由於地勢高敞，格拉那達的市區街景盡收眼底，遙想當年阿拉伯國王住在此宮避暑，那種統御伊比利半島人民的志得意滿，飄飄然如在仙境的感覺是何等的狂放自大？

如今不可一世的民族早已退回北非老家，徒留一座工程浩大的皇宮任後人憑弔，這是歷史的不變定律：看他興起、看他滅亡：「興，百姓苦；亡，百姓苦！」

從花園裡可看到對面不遠處一座光禿禿的小山，山上有些稀落的民宅和一排排的洞穴，導遊先生告訴我們那些洞穴是當年猶太人的住所，前年我們曾參觀過位於波蘭的集中營，當年猶太人被屠殺的史跡仍活生生地陳列在那裡；我們也曾路過布拉格的猶太人墳場，聽說由於土地太小，死者的墳墓只得重重疊疊地「下」葬，聞之令人悲酸，竟沒人忍心進去看一看。

現在又在西班牙的格拉那達發現猶太人曾住過的洞穴，猶太人啊！你們在失去祖國後流浪天涯，無論到那兒都如吉普賽人般地遭受排斥，苦難的漂泊、深深的烙痕，似乎到處都有。如今，你們終於有了以色列，這個眞正屬於你們的國家，要好好珍惜啊！讓我們一同祝福你們永遠保衛自己的國家，與世界各國並榮並存吧！

（原載國立台北商業技術學院校刊一九九八、三、二六）

六、希、土篇

奇幻迷離的羅德島

希臘的天空藍得猶如水晶之澄澈，希臘的愛琴海藍得如寶石之瑩亮，而羅德島恰似鑲嵌於這藍色瑰寶中的一塊黃色珠玉，它是一座古老神奇而又幸福的島嶼，在碧海青天中永遠有著做不完的美夢。

愛琴海環抱　令人驚艷

我們從克里特島搭飛機抵達羅德島時，已是黑夜降臨時分，車子駛往市區旅館途中，左側的愛琴海在黑暗中呼吸著、搖晃著，陣陣浪花激起月光下的閃動音符與韻律，愛琴海像慈母一般摟抱著羅德島，哄它安靜入睡……

右側則是一家家掛滿彩色燈飾，裝潢華麗且典雅的餐廳及咖啡座，佔地寬廣，栽種著各類植物，美得令人驚嘆。

海風吹拂、音樂飄揚，這兒的確是度假勝地。如果再有人爲你唱首希臘民謠、講幾則離奇動人的希臘神話故事，那可就更使人墜入希臘的浪漫情懷與深深的迷思中了。

酷熱下登山　兵分三路

翌日，一輪紅日從愛琴海冉冉上升，島上的溫度急速升高，我們到達林多斯(Lindos)古城時，氣溫已攀升至攝氏四十五度，那種酷熱難當的感覺，只有去過新疆吐魯番的遊客才不會吃驚。

林多斯古城堡建築在島上的一座小山丘上，城堡又瀕臨海上的懸崖峭壁，城牆由巨石打造，厚而且高，深具軍事價値。遠望這座城堡高聳入天際，在碧海藍天之間猶如一隻向宇宙吶喊的永不屈服的怪獸！據說此城的歷史悠久，大約建於距今三千至四千年前。

當我們在山腳下的商業區決定登山時，許多人不約而同地說：「在四十五度高溫下還要爬山啊？怕會昏倒吧？」當下大家議論紛紛，衡量自己的體力，於是自動分爲三組：最怕熱的在商業區逛街購物，有心參觀古蹟但體力欠佳者自費騎驢上山，體力最佳者徒步登山。我和幾位好友選擇騎驢上山，外子等人則徒步登山。

懸崖旁行路　小驢優閒

驢兒的頸背上安裝了木柄扶手，背上有軟綿綿的座墊，騎在上面非常安穩舒適，搖搖晃晃，聽鈴兒叮噹作響，又穿過錯綜複雜的美麗小巷，小巷上空藤類植物密密地遮住藍天和陽光，繽紛的花朵在頭上和臉上親吻個不停，路階蜿蜒、白牆明亮，兩旁商店的琳琅商品，伸手可及。那種感覺眞美，我但願在這裡騎驢逛小街一整天；然而僅僅十餘分鐘，便登上酷熱的山路了。

驢隊主人在後面跟著，我的驢兒大約是嫌石板路太滑又太燙腳，便走在石板路的外邊泥地上，但小路的左側是百餘公尺深的懸崖，碧藍的愛琴海便在崖下蕩漾，小驢那知人害怕，牠走在離崖邊十幾公分的山路上，老神在在，一派優閒，眞教人拿牠沒辦法；我聽見自己的聲音顫抖地說：「小毛驢，請乖乖走石板路好不好？別嚇死我啦！」

好不容易下得驢來，彷彿撿回一命的高興，慷慨地付了四美元，希望驢主人善待這匹與我有「一騎之緣」的小驢。接著，偉大的美景便在眼前一步步地展現了。

上古堡遠眺　視野遼闊

沿林多斯古堡的石階往上爬，一艘帆船浮雕出現在堅實的石壁之上，接著，看見了高高的拱形城門；在這裡遠眺愛琴海上的船隻，清晰無比，且視野遼闊，足見此城防守容易，攻之則難。

城門內有一株橄欖樹挺拔地生長著，這兒盡是石牆黃土，沒有天然泉源或自來水，眞不知此樹如何度過無數的蒼涼寒暑？愈登愈高，景色愈壯麗奇美。巨大的石牆傾圮了，缺口處正補上一片碧藍的大海，偶有船隻經過，形成天然畫境，蔚爲奇觀。

寬闊的大理石台階出現了，巨石柱一根根擎天而立，走完台階便是古城的最高點，一片石磚地基，占地極廣，據說是雅典娜神殿地基，在藍天碧海之間，巨大的石柱或昂然挺立數千年，或傾塌於某年某日，謎樣的神殿，謎樣的歷史滄桑，眞不知從何處探求？只記得導遊說：「巴黎羅浮宮內的勝利女神像，就是從這裡搬去的！」

啊！我曾在十年前於羅浮宮親睹勝利女神像的力與美之絕佳丰采，而十年後的今天，我竟然來到了勝利女神的故鄉——希臘羅德島上的古城邦林多斯，這是人生多麼難得的因緣際遇，多麼美麗的巧合。

小巷多丰姿　寧願迷路

下山途中，又經過那些白屋小巷，藤花瀰漫、曲折蜿蜒、岔路百出的小街窄巷；牆裡牆外，商品精緻，琳琅滿目，喜得遊客往往迷路其間，數次折返而覓不得歸路。我與外子匆匆買了一幅小油畫，畫上有愛琴海、海上有帆船、岸上有白屋，是天空很希臘的代表作。然後，我們歡喜地找尋集合地點，但仍舊迷路，最後在一位當地老太太的引導下，我們才走出這可愛的迷巷；如果時間許可，我眞想在迷巷中繼續迷路下去，那種感覺有如夢似幻、但願長醉不願醒的美妙哩！

（原載聯合報一九九八、十一、二七）

土耳其舊情也綿綿

土耳其可以簡稱土國嗎？那麼土國的人民或可稱爲土國人，甚至是「土人」。事實上，土國人民一點兒也不土，幾乎人人都可以上免費的公立大學。

土耳其人自詡其祖先是我國唐代的突厥民族，曾被蒙古人征服；又深受西方希臘、羅馬文化的洗禮，而發展出一種安那托利亞高原文化。歷史上有名的巴比倫王國、波斯帝國、馬其頓帝國、羅馬帝國、拜占庭帝國、鄂圖曼帝國都曾在這兒鷹揚一時。

俊男美女滿街走　致命吸引力

走在土耳其的國境裡，到處可見俊男美女，他們的身材比歐洲人略矮，比亞洲人略高，多黑髮，膚色也介於歐亞之間，既不白也不黃，而是一種健康的淡褐色。年輕人個個濃眉大眼，深深的雙眼皮、長睫毛，高挺的鼻梁，薄薄的嘴唇，臉部輪廓之美，均可入畫呢！

一九二三年凱末爾將軍創建了土耳其共和國以來（後被尊爲國父），他主張男女平等，廢除了回教徒一夫多妻制，主張一夫一妻；婦女有工作權，可以除去面紗和全身包裹的傳統服裝，因此，我們才得以看清土國婦女的眞面目。雖然如此，土國的婦女仍很喜歡包裹著頭髮的各種彩色碎花紗巾，她們巧妙地把秀髮隱藏在紗巾下，露出一張張純潔如聖經人物畫像中的美麗臉龐。

在土耳其的繁華大街上，偶爾會遇到個全身以黑色布帛從頭包到腳的女士，她的臉上只露出兩隻眼睛的小縫隙，如果你不小心目光與她相遇，天哪！那種觸電的感覺眞是可怕：澄澈瑩亮的大眼睛、靈活閃爍的眸子，魅力卻銳不可當，這才是女性魅力的極致表現，比起現代女性穿上最華麗的服裝，都要更具有致命的吸引力！據說，這種喜穿傳統衣著的女孩，她們心中追求的目標是：簡樸的生活與高尙的志節。

特洛伊在土耳其西邊瀕臨著美麗的愛琴海。蘇利曼博士於一八七一年在此挖掘出特洛伊遺址，證明希臘神話時代金蘋果的故事確有其產生背景；而特洛伊王子派利斯和斯巴達王美內勞斯的妃子——當時天下第一美女海倫的情奔故事，也絕非空穴來風。也難怪羅馬大詩人威吉爾要寫出「木馬屠城記」的故事。

皇宮附近排排坐　歡迎登木馬

昔日特洛伊城的斷垣殘壁已一一掘出。原來在此地基上共挖出九座古城，特洛伊原址在第五層，城市的城牆、城門、街道、神殿、祭壇、宮室都已出土。一隊聯合國派去的考古人員，正辛苦地從事劇院的挖掘工作，不知何日方可大功告成。

今人在遺址前重造了一匹巨大的木馬，遊客可攀梯而至木馬腹中，在方形的木窗前眺望原野風光，並憑弔古代這場十年戰爭的悲劇性結局。

愛菲索斯古城，即聖經中以弗所書的以弗所城，建於西元前二世紀，曾有二十五萬人居住，後因瘟疫、地震而毀壞，如今已成美麗而蒼涼的廢墟。然而古城的拱門、石柱、石雕，造形優美；石街、深巷均宛然可辨；神殿、皇宮、圖書館，亦赫然矗立眼前。圖書館中有地道暗通對街的妓院，石磚地上尚刻畫著腳印，指示著通往妓院的方向，眞令後人啞然失笑呢！

皇宮附近的公共廁所，狀如一排排靠牆的長形石椅，上面挖好了整齊的坐式坑洞，下面是一道深而斜的溝渠，當日必有活水流過，以便自然沖洗穢物。這可能是西方世界沖水馬桶的起源吧？據說住在這裡的貴族或富商，他們每天利用如廁之際，就在這裡談論政治。我們也忍不住上去坐坐，果然舒適、有趣又不失高雅！

愛菲索斯的露天劇院，是個圓形的劇場，可容納兩萬五千名觀衆，其中舞台、更衣室、觀衆席斑斑可尋，幾乎可看見兩千餘年前壯觀的全景。據說，耶穌的門徒聖保羅（一說聖約翰）在此演講兩次，第二次當場被捕。

「聖母瑪利亞之家」在愛菲索斯近郊，據稱當年耶穌升天後，聖保羅便帶著聖母瑪利亞來此避難，直到她去世爲止。這裡有一座小小的「瑪利亞教堂」，建於西元五世紀，由於怕回教徒破壞，保密周到，直到一九九一年方被發現，如今成爲基督徒朝聖之地。

羊皮衣億萬里拉　通貨膨脹苦

近年來，土耳其的經濟情況非常不穩定，通貨膨脹使土國人民拚命把賺到的里拉換成美元，匯存到國外銀行去，如此一來政府缺錢，又乏稅收，土幣自是經常貶值。

當我們在土國匯兌時，赫然發現一美元竟換到二十七萬元里拉，上一次公廁要花五至十萬里拉。鈔票最大的面額是五百萬里拉，以至於看價錢、用鈔票時，令我們初來乍到者頭暈眼花、手忙腳亂，因爲「○」字太多之故。

土耳其的首都安卡拉（舊名安哥拉）盛產羊毛、羊皮。我買了一件羔羊皮製的皮衣，打六折後售價一億六千兩百三十七萬兩千里拉，眞是令人嚇破膽的天價，請您算算看它折合新台幣多少錢！

（原載聯合報一九九八、九、十九）

土耳其的怪異地形

土耳其位於亞洲的最西邊，隔著愛琴海、博斯普魯斯海峽、達達尼爾海峽與歐洲大陸相對；土耳其的古都伊斯坦堡還橫跨歐亞兩洲，在城市中心以兩座橋樑跨越博斯普魯斯海峽，連接著這座都市的歐洲區與亞洲區呢！伊斯坦堡的人即使一天說上好幾遍：「我要到亞洲去！」或「我要到歐洲去！」都是極自然的事，沒人會大吃一驚的。但土耳其百分之九十五的領土還是在亞洲。

土耳其位置正好比是一座從亞洲通往歐洲的陸橋，其經濟、軍事、文化、地理、歷史的地位都是極重要的。中國的古絲路，便從長安延伸到新疆，再由新疆延伸到土耳其，最終到了伊斯坦堡，因此在土耳其車程中經過的絲路是筆直的、漫長的，有時路的盡頭望不見什麼景緻，看到的只有模糊的路之線條伸向遙遠的天邊！

我們的旅行點在土耳其中西部，參觀它的都市、古蹟、宗教文化以及一些特殊有趣的地形。

走過荒漠的安那托利亞高原，日出日落，美景無限，那漫長似無盡頭的絲路旁，有七百餘年前的古代驛站點綴著，有些古驛站早已傾圮坍塌，有些卻屹立不倒，至少保持著七、八成尙稱完好的巍峨雄姿，在荒涼苦熱的絲路上，這古代石造的堅固建築物無疑地像城堡般地庇護著商旅過客們。

炎炎夏日中，一路上酷熱、乾旱、嚴重缺水的景象令我們頭暈目眩，許多人有中暑現象，甚至體力不支而病倒。安那托利亞高原上有時連行數小時都是荒野，有時有成群的牛羊乍然出現，有時可見到大片的橄欖樹或大片的向日葵田，但卻極少看見河川或溝渠，使人感覺這個比台灣大了二十二・五倍的國家，其乾旱程度、酷熱程度，應稱之爲「次沙漠地區」近似新疆的氣候，而卻缺乏新疆的綠洲的豐沛水源呢！

往土耳其地理中心——首都安卡拉的近郊絲路邊，我們曾親眼看見一個藍色湖泊和一個紅色湖泊。藍色湖泊我們疑爲海水，但土國北、西、南均瀕海，中部的安卡拉近郊怎會有內陸海？導遊告訴我們說那是一個鹽水湖，湖邊白色的沙灘其實全是鹽呢！然而「紅色的湖泊」驚得我們開始懷疑自己的眼睛是否患色盲了？世界上那有紅色的水？但是導遊解釋說：「那是水中含鈉太高的緣故，你們看湖邊又呈白色，那也是鹽！」啊！土耳其，眞服了你，多麼怪異的國土啊！

最有趣的地區，應屬「卡帕多奇亞」這一片奇岩怪石區了。此區佔地極廣，即使乘車走走停停，兩天的時間也只欣賞了一小部分而已。

上帝創造高山、高原、丘陵、平原似乎造多了，太累了、太膩了，忽然「童心」大發，於是頑皮、幽默、詭異、趣味⋯種種表現於創造力「輕鬆」面、「活潑」面的幽默小品紛紛出現了，這一展示奇岩怪石的人間罕見的「上帝的傑作」，便活生生的呈現在「卡帕多奇亞」的黃土地上，最精彩的部分，土耳其人是要收門票的，或許這是上帝特別賜予這多荒野的國家一項恩典吧？誰能再怨怒上帝不公平呢？

遠遠地瞧見卡帕多奇亞地區時，便被那些打上皺褶一排排平行整齊的山脈吸引住了，彷彿像一排排男人或女人手拉手圍成一道道高牆，把奇異的山石藏在裡面，等著你購票去看更精彩的好戲呢！

走進柵欄大門後，風景美不勝收：長得高高低低、圓圓胖胖的一座座小山，外表是堅硬的光禿石山，然卻被人類鑿滿了拱形的、方形的、圓形的門窗，從門口進入，裡面卻是涼快無比的居室，裡面尚有廚房、儲藏室或蓄水槽呢！原來這是土耳其人居住過的洞穴，由其中尚有教堂與簡單壁畫看來，它們是早期基督徒聚居之所在。後來附近的居民因其冬暖夏涼之故，一直住下來，直到四十年前政府爲發展觀光業，才強迫居民遷走。

有些山岩稍高，但見門窗重重疊疊，儼然是天然的華廈一般，可見當年居住不少人口。

奇岩地形有些山石長成一排排的壽桃形狀；有些長成四、五位穿披風、戴斗篷的女士形狀，在山崖上閒閒漫步，姿態曼妙；有些長成蘑菇形，一朵朵巨大而堅實；有些長成一排排高聳的煙囪式樣，有煙囪卻無炊煙；有一塊巨石長得像一頭活生生的駱駝，教人忍不住想把牠牽走呢！

參觀奇岩地形，七、八月之交，你可得忍耐四十幾度的高溫哩！雖然如此酷熱，卻仍有幾株杏樹結實纍纍，金黃色熟透了的杏子，自然散落一地，這兒盛產杏子，杏子的粉甜少汁，美味可口教人難忘，千萬別忘了買些杏乾帶回國啊！另有幾株槐樹，開滿成串的槐花，又是一奇呢！

在奇岩地形區附近尙有幾處「地下城」，可千萬別以爲是什麼地下城堡啊！原來那地區自然形成許多地下洞穴，也不知幾千幾萬年前便早已存在著，深入地下達八、九層，目前開放的地下洞穴一共有四層，可住二千人左右。

據說西元三世紀至十三世紀，當基督教受到回教徒迫害期間，大量的基督徒便攜家帶眷潛藏進這地形複雜的地底洞穴中居住。由於岩石和地面的山岩地質相似，堅實中透著鬆軟，居民們很容易在地下道兩旁挖掘新的洞窟作爲居室，於是彎曲的通道，低矮狹窄的通道比比皆是，最低矮處僅容一人彎腰屈身而過，辛苦異常。

洞內低矮潮濕，當時的基督徒的生活苦況可以想見。然而人類智慧驚人，他們居然鑿了一個像油井般深入地下的通風孔，每一層的洞穴居民都有窗口與此井壁相連，它由外向地底各洞穴輸送新鮮空氣，也由地底冒出居民們的炊煙來。我們臨此通風孔，向上可見一片小小圓形的藍天，向下卻看見一個無底的、深不可測的可怕黑洞，古人巧思，眞不可及也！又參觀他們的地底廚房，尙有放置香料的巨石一塊；地底的教堂也有壁畫，空間較大，適合多人崇拜。

爲防止敵人入侵，洞口內設有圓形擋門石一塊，重逾千斤，有滑輪木軌，方便於由內可推開，由外則無論如何也打不開。圓形石門上有小孔洞一個，若門外有敵人，洞內的人可立刻拔劍刺向敵人，而敵人卻苦於無法反擊呢！

地下城入口處有幾株大槐樹，我的好友朱昆槐對槐樹特別有情，她說：「這簡直是唐人小說中南柯太守傳裡描述的大槐安國嘛！而主角夢中的大槐安國醒後發現原來是古槐樹下的蟻穴！我們剛才不正好像螞蟻般的爬進地底洞穴裡，做了一場大夢嗎？」眞是適時而來，充滿靈光的一種聯想啊！

如果說上帝在「卡帕多奇亞」爲人類創造了奇幻幽默的地形，供人觀賞；毋寧說上帝也有先見之明，爲祂的後世子民預先創造了一座地底穴居城，免於他們遭阿拉伯人血腥的屠殺，保佑祂的子民在苦難中存活下來，一直熬到了鄂圖曼土耳其時代，他們的皇帝開始尊重並包容不同的宗教，基督徒的黑暗時代總算成爲歷史上的一頁傷痕了。

（原載青年日報一九九八、九、二十）

繁華富麗的伊斯坦堡

土耳其的第一大城市——伊斯坦堡是個既古典又浪漫，既繁華又富麗的一座夢幻似的城市，它那獨特的既歐洲又亞洲的氣息實在很令人難以忘懷的！

伊斯坦堡是一座擁有一千五百年歷史的古城，在拜占庭帝國時代，它的名字叫「君士坦丁堡」，曾是十字軍東征時的基督教中心，直到西元一四五三年落入鄂圖曼土耳其手裡，它才改稱「伊斯坦堡」。在這裡你可看到一千五百年來基督教和回教兩種文化交替的歷史痕跡。這座土國第一大城，人口也剛好是一千五百萬人。

由於這兒是土耳其的古都，即使一九二三年的十月革命成功，土耳其共和國成立，他們敬愛的國父凱末爾將軍，將首都遷往中部的安卡拉（原爲小城，人口三萬，如今已擁有三百萬人口），然而伊斯坦堡依舊是一座人口衆多、建築物古典優雅、皇宮博物館、清眞寺、大教堂林立的繁華商業都市，處處充滿了揮抹不去的宗教文化氣息。

這座歷史名城最有趣的地方是它的地理位置一半在歐洲，一半在亞洲，中間是著名的博斯普魯斯海峽，海峽的北邊出口通往黑海，往西南行又是一個著名的海峽：達達尼爾海峽，自此又通往土國西南瀕臨的愛琴海。不過土耳其百分之九十五的土地屬於亞洲，只有伊斯坦堡城的一半橫跨到歐洲，因此那百分之五的歐洲土地，也就在伊斯坦堡市區裡。連接著歐洲和亞洲的領土上有兩座長長的橫跨博斯普魯斯海峽的大橋，優美的造型，重要的地位，予人深刻的印象。

乘船遊伊斯坦堡的感覺更美妙，海峽的寬度幾乎令人懷疑它是藍色多瑙河，而你正在遊匈牙利的首都布達佩斯；或許你又以爲那是尼瓦河，而你又在遊蘇俄的古都聖彼得堡呢！世界上最美麗的城市似乎都有一條大河從市區中心穿越而過，不過總不容易找到一座城市有海峽穿越而過，而藍色的海水藍得比藍色多瑙河更具正典的「藍」呢！

在遊艇中可見兩岸的風光，一面屬歐洲，一面屬亞洲。岸邊有美麗的皇宮，如多馬巴切皇宮、托普卡匹皇宮，有造型雄偉的歐洲式城牆、城堡，許多達官貴人、外交使節、富商巨賈的別墅都瀕海而建，住在這兒可以歐洲、亞洲兩大陸塊互望，景致絕佳，心情也可能異常的興奮吧？

托普卡匹皇宮博物館

托普卡匹皇宮建於一四五三年，是蘇丹王的官邸，如今是博物館，我們先從中國和日本的瓷器館看起，而此展覽室竟是昔日的皇宮大廚房，在這裡我們看見了大量的中國青花瓷器，包括花瓶、盆子、茶壺、酒壺、碗盤和裝飾品，據說其中有一類青花瓷碗盤，最受蘇丹國王鍾愛，因爲用它盛裝食物，如遇歹徒下毒，此類碗盤的青花色澤立刻會改變，不知其可信度如何？在這裡見到的許多特大號瓷器，甚至在我們故宮也不多見。日本或歐洲的瓷器數量甚少，可見土耳其人當時多麼珍惜從中國絲路遠行數千里而來的瓷藝品。

托普卡匹皇宮內展示著無數件價值連城的珠寶物品，讓人感嘆古代統治者的窮奢極欲到了人性貪欲的極限了！例如：讓滿黃金花飾的皇帝寶座、國王穿戴的從頭到腳的鑲滿黃金珠寶的鎧甲、鑲滿黃金寶石的刀劍、一把鑲有數顆大祖母綠和黃金鑽石的匕首（據說紅歌星麥可傑克遜愛上了這把匕首，想買來珍藏，但土國豈肯出售國寶？）、一顆八十六克拉的心形巨鑽，周圍又鑲了一圈四十九顆鑽石的胸針，以及許多驚世奇寶，都讓遊客見所未見、聞所未聞，大呼不虛此行！

皇宮中珍藏著許多回教經典，讓我們見識到原來回教經典上的文字也是如此多變化而美麗啊！各種不同的寫法，猶如我們中國的書法，各具其藝術之美呢！值得一提的是，我們在此皇宮最神聖的一個房間內，看見他們展示出一根穆罕默德的鬍髮，眞是稀世珍寶，但又很令人懷疑其眞僞。

遊歷了半天，尚未及參觀皇室後宮和聞名的「鬱金香花園」，即隨團匆匆離去，眞是遺憾呢！

藍色清眞寺

藍色清眞寺高約四十五至四十六公尺，有無數個大小圓頂，周圍聳立著六根高高的傳音筒。傳音筒又名拜樓，回教徒每日唸經，聲音便藉由傳音筒傳向四方，並直接傳達給天上的阿拉聽。傳音筒按清眞寺的規模大小而數目不同，從一根到六根，藍色清眞寺是世界上唯一具有六根傳音筒設計的回教清眞寺。

此寺因用了兩萬一千片藍色青花瓷磚鑲貼內部，又有二百六十扇窗戶採光，故寺內閃耀著一片藍色光茫，因此得名。寺內鋪滿小塊地毯，密密麻麻，遊人必脫鞋而入，踩在上面柔軟舒適，原來一小方地毯就是一個人跪拜的範圍，跪拜時人人必須面向聖地麥加方向。

值得注意的是從高高的寺頂下垂一圈圈漣漪般的電燈，煞是好看，據說這密密的燈光有三大作用，即可供取暖、消毒和照明之用。這座清眞寺佔地極廣，莊嚴神聖而極具藝術美感。信徒們來此祈禱時，那份虔誠非常令人感動。

這是西元一六〇六至一六一六年，由蘇丹阿梅特一世下令建造的。

聖索菲亞大教堂

距離藍色清眞寺不遠處，又有一座紅色圓形屋頂的建築，在它的龐大身軀四周，很明顯的又有四根高高的傳音筒聳入藍天，別以爲又是一座大清眞寺，其實它卻是一座歷盡人世滄桑的著名教堂——聖索菲亞大教堂。

聖索菲亞大教堂建於西元三二五年，由君士坦丁大帝創建；西元四〇四年被大火燒毀；四一五年由迪奧多西一世重建，至五三二年因叛亂被搗毀；查士丁尼大帝於五四八年又重修；五五七年再被大地震震垮，查士丁尼大帝又再度復修；十四世紀時，又歷經多次地震的毀損。

西元一四五三年伊斯坦堡被鄂圖曼土耳其人征服，成爲蘇丹（皇帝之意）的新首都，聖索菲亞大教堂被改裝成回教的清眞寺，於是教堂內的馬賽克製的聖像畫被石灰膠泥塗蓋，上面畫滿回教式圖案，並懸掛象徵穆罕默德等六位聖者的大圓盤及文字。大教堂從此成爲蘇丹們參拜了五百年之久的清眞寺。一九五三年，阿塔土克宣布聖索菲亞大教堂爲博物館，於是我們今天得以看見室內鷹架高達圓頂，工人們一方面在維修圓頂使其不漏不塌，一方面他們正清洗壁上的灰泥，回教的圖案洗淨後，露出了五百年前基督教統治時代的馬賽克聖經故事畫，一幅一幅的，敘述著古老的聖經故事，目前的工程應屬初步還原階段。想想這座擁有近一七〇〇年歷史的大教堂，在羅馬聖彼得大教堂未興建前，是全世界最大的教堂，如今它歷經滄桑，正在復原之中，四周揷著四根回教傳音筒，和相鄰的藍色清眞寺毗鄰而居，是多麼的令人百感交集啊！

歷史是多變的，宗教思想亦非是一成不變的，宗教應增添一份包容心，這種包容心在伊斯坦堡的聖索菲亞大教堂裡正逐日展開，眞是可喜可賀！

大市集

到伊斯坦堡旅行，你絕對不能錯過到「大市集」逛逛的機會。大市集又稱「巴札」，與我們在新疆喀什看到的大市集有些相同，不過這裡的大市集不是流動的趕集，而是固定的大商業區。整個的市集共有四千多家商店。像大道、小街、小巷般錯綜複雜地密聚著，共有十八個不同方向的出入口，裡面的貨品應有盡有，琳瑯滿目，看得你眼花撩亂，分不清東南西北。錯綜的巷道往往使人迷路，而找不到來時大巴士的停車方位。

我們驚喜地參觀土耳其的金飾店、琥珀、珠寶店、皮革製品店、地毯床毯店、手工藝品店⋯。

土耳其人喜歡漫天開價，必須小心地跟他們殺價：七折、六折、五折⋯一般人大約殺到五折便很難再殺下去，但很會殺價的據說殺到三折也不難。因此，逛了一個下午，我們也僅僅買了兩樣小紀念品而已，眞有如入寶山，空手而回的遺憾。

如今欣賞到在大市集拍攝的照片時，不免遺憾地嘆道：「那串琥珀項鍊我爲什麼不買？」「那座琥珀金字塔我怎麼不殺價？」「那條織花床單才合台幣七八百元，我怎麼放棄？」「精美的手工彩繪珠寶盒一個才三百五十元，怎麼不多買幾個好送人？」

我們逛了一下午，連「大市集」的十分之一都沒逛完，怎麼不遺憾？此生是不是還有機會再去一趟伊斯坦堡呢？

（原載青年日報一九九八、十一、十五）

七、英國篇

「梅姬・迪克遜」的苦艾酒

我與外子飛越半個地球，終於抵達了英國蘇格蘭的首府——愛丁堡，爲的就是與兒子共渡一個特殊的異國暑假。

愛丁堡像一位中古歐洲的騎士，勇猛堅毅地穿越歷史的時空，莊嚴傲岸地矗立在蘇格蘭弗斯海峽南岸的山丘上，山丘是億萬年前的死火山形成的。古堡位於火山錐的遺址上，從古堡沿山坡而下發展出一座中古世紀的老城，一排排造型堅固的古老石屋，居然有五、六層之高，每層樓比現代大廈約高一、兩公尺，具有千奇百怪的尖形或圓形屋頂，屋頂上煙囪林立，小天窗極爲可愛，這些陰森森的巨石打造的房屋，原來是歐洲最早實驗性質的「公寓」。由於老城沿山坡曲線而建，所以這些很有層次感的古老石屋便在天空中創造出神祕、詭異，而又綺麗的線條。其中尤以數不清的教堂尖塔高聳入雲，人類在這裡以建築藝術的語言向天空吶喊、讚美著上帝。這座古城的末端便是蘇格蘭的皇宮，從愛丁堡古堡到皇宮這一條路名叫「皇家哩路」，石屋、石街、巨石雕琢的教堂，具有震懾人們靈魂的無限魅力，初見愛丁堡的第一印象，以「驚心動魄」四字形容之，絕非過份。

由中古到近代，人口不斷繁衍，於是在原本是海港灣，如今因乾涸而修建成一座深谷似的，有層次的美麗公園，名叫「太子街公園」，由此公園分劃並發展成對岸另一半的新城，說新城也不太新了，所有建築均有一、兩百年歷史。百貨公司、豪華的商業大廈均林立於此，新城景觀如一般歐洲形式，而古城景觀則是人間奇景。自一七〇七年英格蘭攻打蘇格蘭之內戰以來，愛丁堡已享有近三百年的太平盛世，而古城維修之完好，令人嘆爲觀止，三、四百年的老屋依然有人居住或經商營業，五百年以上的老屋則當作博物館使用。

老城有無數的大小教堂、蘇格蘭博物館、銀行、市政廳、圖書館以及著名的愛丁堡大學。具有五百年以上歷史的愛丁堡大學分散在老城的各個極佳位置，它的神學院、法學院、醫學院、文史學院都修建得宏偉雄奇，令你不敢置信：這是大學嗎？而我更是興奮：我兒能考取公費留學，在此校攻讀歐洲中古史。

兒子早已陪我們在倫敦玩了四天，又乘坐四個半小時火車來到此城，大家拖著行李，走過山坡似的彎彎石磚路。這裡的快車道多半爲數百年前古代蘇格蘭人走過的道路，當年是達達的馬蹄聲，現代是快速的汽車聲（沒有摩托車）；兩旁人行道則是近代人舖設的石板路，既寬又長，爲便於遊人散步或喝喝露天咖啡的。走進市區裡，兩旁高大的石磚樓讓人覺得森森古意，每棟建築上都刻有「一五××年」或「一七××年」的建築年代，據聞蘇格蘭人很驕傲地說：「我們的祖先造一棟房子是準備給子孫住好幾百年的！」

七月初的氣溫大約只有攝氏十四、五度吧？我們由臺北三十六度的高溫驟然來到此城，恍若跌入一個巨大的冰箱中，凍得直哆嗦，夜晚近十點鐘，猶有一輪如冷月般的夕陽在古堡上空照耀。

廷兒很幸運，居然住在最著名的皇家哩路，離古堡極近，一棟建於一七二五～一七二九年之間的石磚大樓五樓，厚重且高的木門、有趣的旋轉石製樓梯，令我們驚訝不已，當我們提著笨重的行李，一面隨石梯旋轉一面登樓，頓時覺得天旋地轉，頭暈目眩，不知身在何方？

放下行李，我和外子隨著廷兒在石屋裡奔前跑後的，因爲窗景太壯觀了！前窗是彎彎的石磚皇家哩路，兩座巍峨的古老教堂分踞在古堡與皇宮之間，造型具有驚人的震撼力——十九世紀的聖約翰教堂尖塔高聳入雲，另一端是十二世紀的聖喬斯教堂的皇冠式鏤空高塔，二者相距數百公尺，似乎在互相競美。後窗的古典小巷內一棟古屋是有名的「作家博物館」，蘇格蘭三大作家：Robert Burns、Robert Stevenson、Walter Scott 都曾在那兒住過，鄰近的尖形屋頂又都是美得出奇。兒子說八月國際藝術節時在這裡是看煙火的最佳位置。

「爸媽，我們出去喝一杯，慶祝一家人團聚！」

「我帶爸媽去見識一下這裡的著名酒店，他們的苦艾酒還得過獎呢！」廷兒說。

我們知道兒子在爲我們接風洗塵，便欣然允諾，我們也深知留學生活儉省萬分，喝苦艾酒是何等的享受！走在寒冷如嚴冬的夏夜裡，一切景物看來都具有不可思議的驚奇！

沿山坡修建的高高低低的街道，由穿過巨石樓宇的窄巷相連，每條窄巷都具有不同的美妙風格，透過窄巷你似乎可以看到一幅幅不同的圖畫。街巷的名字極富趣味性，例如：漁夫巷、謎中謎巷、律師巷、女士巷，以及稍寬的國王馬廄路、市場街等等，許多小巷僅容二人並肩而過，路階蜿蜒曲折，撲朔迷離，妙趣無窮。

深夜十一時，所有商店早已打烊，唯有酒店內閃亮著溫暖的燈光向人們招手。愛丁堡以發明並生產威士忌聞名世界，加以此地苦寒（經緯度與莫斯科相等），因此自然飲酒取暖而人人擅飲，愛丁堡全城約有一百家以上酒吧，實爲一大特色。酒吧兼賣咖啡、飲料和快餐，所以是「純純的」地方。酒吧的名字更具蘇格蘭人的幽默感，例如，快樂法官、化身博士、忠狗巴比、最後一滴、世界盡頭、莎士比亞……而兒子選定的是「梅姬・迪克遜」酒吧。

每家酒吧的名稱似乎都含有典故的。「快樂法官」實有其人，此人畢生愛飲酒，據說送他一瓶酒，他一高興之下說不定會給犯人判輕一點。「化身博士」也確有其人，就誕生在那家酒吧原址，後來他離奇的事蹟被作家寫成名著「化身博士」。「忠狗巴比」是紀念一百多年前一隻小狗——巴比，牠主人是一名警察，主人去世後，小狗在墓旁守墓數年，不肯離開一日，直到牠也去世爲止。愛丁堡人對巴比極爲崇敬、疼愛，將牠隆重地埋藏在一座名叫「灰修士」的教堂墓園，更在教堂大門內正前方爲牠豎立一塊粉紅色紀念碑，種了一片玫瑰花，平日也有人在墓前獻花致敬；大馬路中央還豎立著巴比的銅像，使巴比的忠義事蹟如同人類一樣流芳百世。

「梅姬・迪克遜」酒吧則是紀念古代一位犯了謀殺罪的婦人，酒吧名字即她的芳名，據說她是冤枉的，卻被判了死罪，接受了絞刑，正當要埋葬入土之際，竟奇蹟似的復活了起來，當然人們立即寬恕了她，讓她繼續享受餘生，因爲她已死過一次；如今酒店前還有執行絞刑的紀念碑與十字架。「最後一滴」、「世界盡頭」酒吧也都在此絞刑場附近，可見愛丁堡人酷愛飲酒，縱使面臨死亡，也要喝下最後一滴酒走到世界的盡頭。

一面聆聽這些陰森恐怖而又奇蹟顯現的事故，一面瞥見梅姬・迪克遜的畫像在牆壁上張大了一雙無辜的眼睛，似乎在感謝上帝破例讓她活了兩次，令她名傳千古。酒店裡充滿了愛丁堡的青年男女，據說大學生偏愛此間酒店。店內震耳欲聾的熱門音樂配上年輕人的歡笑聲，燭光中蘇格蘭少女和穿著火紅女裝的「搞怪」男生共舞，人人手中一杯苦艾酒，那種歡樂的氣氛教人不受感染也難！

窗外，十九世紀以前陰森森的絞刑場上，三五成群的觀光客或當地穿著蘇格蘭格子裙的男人，在七月的寒風中匆匆走過，我們遠從萬里外來探望廷兒，與他在酒吧中舉杯歡慶，品嘗冒著細白泡沫的苦艾酒又苦又帶麥香味兒，那種驚喜與興奮的情懷，眞有杜甫詩中「夜闌更秉燭，相對如夢寐」的感覺。

（原載中央日報一九九五、十、二一）

史特林古堡遊記

廷兒的蘇格蘭朋友卡隆，開車載我們參觀距愛丁堡車程一小時的另一座古堡Stirling Castle，除了卡隆外，我們誰也沒去過。卡隆是個彬彬有禮、略顯拘謹的英國青年，他雖年僅三十一歲，比廷兒還小兩個月，但卻在法國、德國讀過書，最後榮獲愛丁堡大學博士學位，目前從事遺傳基因研究工作，生活閱歷相當豐富，是個熱愛蘇格蘭故鄉的年輕人。

七月十六日下午，天氣晴朗，藍綠的天空（很奇妙的顏色），彩雲變幻萬千，冷冷的陽光下，愛丁堡近郊的田野，染滿了各種亮麗的色彩：翠綠、金黃、淡青的田地一片片如百衲布般地交織，遠處的淡藍色山脈與公路邊淺紫色的野花遙相呼應，大山靜靜地唱著無言之歌，野花迎著風兒跳著單純的無蹈。弗斯河在這塊廣袤的、如波浪起伏大原野上默默淌過。

郊區的房屋，大多爲兩層樓的別墅型，造型富於變化，但卻具有活潑的蘇格蘭現代風格，每家都有花園，以玫瑰花爲主，有的人家全栽大紅色玫瑰，看過去一片紅絲絨般的華麗；有的人家喜愛各種顏色的玫瑰，淡紅、淡黃、鵝黃、深紅、純白，花圃中彩色繽紛，美如畫境。曾經收到一張花展的廣告，上面赫然印著一朵黑玫瑰、一朵藍玫瑰，眞是見所未見、聞所未聞，可惜未能及時去參觀。蘇格蘭由於氣候寒冷，縱使是夏季，亦冷如台灣的冬天，陽光中午柔和，早晚沁涼如月光，最適於玫瑰生長，花朵碩大，花期甚長，可媲美中國的牡丹花。花莖極高，有些枝頭，竟然一根枝幹盛開六、七朵以上，猶如千嬌百媚的數位美女，擁抱在一起，展露風華絕代的笑靨，等待人們去歌頌、去素描、去拍照。昔日早知英國的國花是玫瑰，此時方能體會其中的道理。

車行甚速，在動人的蘇格蘭民謠中，遙遠的小村鎮在視野中逐漸放大。驀地，一座巨大的古堡矗立於山頂，大約有二十餘層樓高，它的造型莊嚴、宏偉，且美觀，完全以巨大的石塊砌成。這便是史特林古堡，僅次於愛丁堡的古堡的地位，當年蘇格蘭人被英格蘭人打敗時，蘇格蘭首府便由愛丁堡遷於此堡以避難，它的重要性可想而知。

史特林古堡城牆外，由於地勢高，並無河水可護城，但卻有堅固的活動吊橋，可收可放，以禦敵人來犯。橋下的深壑，綠草如茵，敵人若失足跌入，非死即傷，又不易逃生，它的功能有如我國古代城牆下的「甕城」，甕中捉鱉，手到擒來，中外皆然。

城牆四周，十餘尊的巨砲黑漆油亮，維護如新。古堡佔地極大，有美麗的花園，種滿奇花異草，其中以玫瑰爲主人翁，傲視群芳，婷婷玉立，沿階而上，通過一扇小門，直達高處另一座廣場。花園中的兩株老連理樹，高大濃綠如阿拉丁神燈中的巨人，和地毯似的如茵草坪相依相偎，似乎在互相訴說著許多自十六世紀以來，它們所看見的種種慘烈或浪漫的故事。

古堡內有廚房和餐廳。廚房裡有許多眞人般的塑像，正以各種生動的姿態描繪古代人們生活的狀況。兩位麵包師傅正在古老的火爐前烘烤麵包，兩人合作無間，有說有笑的表情，栩栩如生。火爐裡熊熊的電動火焰、石牆上明亮的電動火炬，甚至燻黑了一小片牆壁，假的人物和裝飾幾乎教人看不出破綻。廚房裡暖烘烘的氣氛，除了麵包不香外，遊客們幾乎懷疑眞的和古代蘇格蘭人混在一起了。

廚房裡另一個大房間，有兩人抬著一隻剛宰好的全羊，一個老婦人正在努力拔著鵝毛，一個壯漢背著一大片生牛肉，許多人忙著做菜，他們穿著十八、九世紀的鄉村服裝，姿態鮮活。籃裡盛滿鱒魚、鮭魚、雞蛋；天花板上懸掛著打獵得來的戰利品：山雞、野兔、野鳥，甚至還有一隻美麗的大孔雀呢！古堡中呈現出十六世紀以來的飲食狀況，可謂一覽無遺。

另外幾間大廳裡，陳列著歷代蘇格蘭皇室、貴族與軍官、戰士的畫像、照片、服裝、銀器、勳章、各類武器均熠熠生光，完好如初。近代英國伊麗莎白女王特別賞識這批蘇格蘭勇士，與他們合拍了許多團體照，原來女王是他們的榮譽統帥呢！伊麗莎白女王年輕時極爲高貴美麗、風姿優雅，那幅二十餘歲時的畫像，令我再三讚賞，不忍移步。

登上古堡後院，城牆內的草地上或坐或臥的參觀者正凝神地欣賞著一場露天古裝劇表演，一個蘇格蘭高地（指山區）士兵和一個低地（指平原）士兵，穿著不同的軍裝，正在辯論政治、軍事方面的問題。草地上，觀衆們聽得十分入神。

登古堡而小天下，在古堡上眺望美麗的蘇格蘭原野、小城鎭、婉蜒曲折的弗斯河及河上線條優美的拱橋，遠處有灰藍的山脈與變幻莫測的天空，風景自然而秀麗，無一處不令人羨慕。從愛丁堡古城直到史特林古堡這一段旅程中，環保工作達到完美無缺之地步，實在令我們欽羨、反省。

離開古堡後，我們在附近一家古意盎然的花園裡喝咖啡，歇歇腳。這家花園咖啡屋是石屋、石牆、石磚地，奇花異草生長於其間，碧空浮雲俯瞰著我們，鳥雀、蜜蜂在身邊歌唱，空氣清芬如花香，那一杯咖啡、那一片水果蛋糕加上暢遊古堡的愉悅心情，竟成了世間最美的回憶！

（原載青年日報一九九五、九、十七）

漫遊愛丁堡

英國的愛丁堡是一座中古時代保留下來的古城，它是昔日蘇格蘭的首府，在一七〇七年以前英格蘭和蘇格蘭兩國時有戰爭，後來合併後方始獲得長達近三百年之和平。古城歷經五、六百年的歷史滄桑卻依然完好如昔，政府維護之功實不可磨滅。

愛丁堡古老的建築外觀全是石材建造，內部則用厚實的木料架構，政府經常作定期安全檢查、指導維修，達到古屋新用的功能。每棟房屋上都雕鑿著「一五××年」或「一六××年」建築的字樣，我兒在此留學，住在一棟距愛丁堡古堡很近的石屋樓上，這棟建築標示著：「此屋建於一七二五年～一七二九年之間」，至少有兩百六十六年以上了。這座雄奇秀麗的古堡，每天吸引著無數觀光客來此遊覽，尤以每年八月國際藝術節在此舉行，更是愛丁堡最熱鬧的季節。

由於人口繁衍，目前已增至五十七萬人，古城不敷使用，早在「太子街公園」另一邊發展出相連的新城來，新城為經商貿易中心，古城為文化藝術中心，二者風貌迥異，卻由一個種滿玫瑰與海棠花的太子街公園相連，奇妙的構想，實在令人驚嘆！新城的建築至少也有一、兩百年歷史，弗斯海峽的港口便在那兒，七月十七日，我們在港口參觀了「一九九五年國際帆船賽」的百餘艘帆船，這些帆船次晨八點鐘揚帆，由愛丁堡出發，越過北海，直達德國的不來梅港。那天，我們從一九〇〇年的老船直看到一九九三年打造的新船，每艘船大小長短年齡國籍均不同，但唯一相同的必須有「帆」！各船隻的名字都很有趣，例如：「金色的虛榮」、「天狼星」、「海上童子軍」、「第一次經驗」等……當天遊人如織，盛況空前，下午有風笛表演，深夜還施放煙火呢！

古城是文教重地，愛丁堡大學各學院分散於北區，蘇格蘭愛丁堡的政府機構、各類博物館（包括大型的國家博物館、小型的作家博物館、民俗博物館、玩具博物館等）、古堡、皇宮以及數不清的教堂都位於此區。礙於建築古老的設計，這裡的商店店面較小，大部分販賣具有蘇格蘭風味的紀念品，和新城的大型百貨公司購物的方式是大異其趣的。

愛丁堡各區建築物間都保留著公園或綠地。愛丁堡大學圖書館、文學院和醫學院的後面就是一片望不到盡頭的「草地公園」。草地公園一片翠綠，除了一行行相隔的人行道兩旁所栽種的櫻花與雜樹外，其餘全是青草。七月的愛丁堡氣溫時常在攝氏十四度至二十度之間，冷風中開滿了夏日的小野花，彩色繽紛，迎風招展，可喜可愛，走在草地上我總十分小心，不忍踩壞了這些小生命。凡有陽光的日子，這裡總躺著許多半裸的男女作日光浴，有的睡覺，有的看書，各自享受悠然自得的生活。黃昏時，草地在微暗中泛出濛濛的綠光，令人迷惑不已。深夜裡，天空或湛藍如藍絲絨一般；或呈現神祕詭異的暗紅光，這種兩極化的天色，更教人百思不解。七月夜短晝長，縱使在午夜十一點多，你仍可尋找到天邊的最後幾抹晚霞，太陽在這裡，似乎稍作休息，便又一躍而起，清晨四點多，天色便亮了起來。

由於緊鄰北海的弗斯海峽，海風沁涼，竟日裡，你可以看見海鷗在天空自由飛翔，發出奇怪的咕咕叫聲，純白的羽翼，鵝黃的大鳥喙，飛行速度極快，牠們經常在公園裡與鴿子爭食人們餵養的吐司麵包，又在動物園裡搶奪企鵝或其他動物的食物，如魚類、生肉，不分葷素，一律掠奪，對於乖乖的企鵝和優雅的天鵝、野鴨、鴛鴦等就顯得太兇悍了。鴿子和一些肥肥胖胖的鳥雀在建築物與樹林間穿梭，常常親近人類，等待人類餵食。亞瑟山（傳說亞瑟王埋葬於此山）的山坳裡有一片池塘，那裡住著一對天鵝夫妻和牠們的五隻小天鵝，牠們並不孤單，上百隻野鴨與牠們和平相處。市郊達汀頓小鎮前有一片遼闊的水鳥保護區，水草茂盛，沼澤紆曲，池塘中倒映著藍天白雲與水邊小白屋，此景之美早已被愛丁堡人印在風景明信片上；在此池塘邊，我們發現了大雁，身軀比天鵝略小，和普通鵝一般大，水陸兩棲，有數百隻以上，牠們也不太怕人類，樂於接受我們餵牠們的麵包。牠們合群，擅飛能泳，又能在岸上驕傲地行走，眞羨慕牠們比人類還多出了一項「擅飛」的技能。

從未見過人類如此地愛護禽鳥，住在附近的父母親們帶著吐司麵包來到池塘邊，教孩子們餵飼動物。天鵝、大雁、小野鴨、鴿子、海鷗一律都餵，決不厚此薄彼，餵食完畢，父母親隨即牽著孩子的小手回家，好像這是每天的功課似的。這樣的教育，使得愛丁堡的飛禽走獸（還忘了一提樹上的松鼠、路旁的野兔）生活得自由自在，沒有恐懼，直到老死，愛丁堡人對禽鳥尚且如此仁慈，當然更沒有種族歧視問題。

漫步於古城，可謂一步一景，造型互異的教堂多得數不清。幾乎每個路口，正前方是一座建於十三、十四世紀的教堂，具有五、六百年以上的歷史，而一回轉身，另一座十八、十九世紀的教堂也矗立在那裡。聖喬斯教堂皇冠似的鐘樓美得令人感動，它是十二世紀保留下來的古蹟，其餘部分歷代都在修補，鐘樓每隔十五分鐘敲響鐘聲，夜間反照以燈光，眞像一頂金光閃閃的皇冠，煞是迷人！向空中眺望，除了聳立山頭的愛丁堡古堡最爲驚心動魄外，其餘無數尖塔，便是這些代表人們禮讚上帝的教堂，因此可以說上帝在這裡處處有家、處處有行宮。愛丁堡沒有水災、旱災、颱風、地震，有的是自由、和平、悠閒和免於恐懼的幸福；是一個物價平穩、生活水準高、熱愛人文藝術和最具浪漫情懷的地方！因此，年年八月至九月國際藝術節總在這裡舉行。

這座美麗的城市，人口僅五十七萬，而觀光客每年超過一百萬。路上車輛不多，紅色的雙層公車既美觀又服務週到，司機極有禮貌，任何時候你可以在車子停下時上車詢問，司機會很有耐心的告訴你如何乘車、轉車，問完後若不對，你可下車，司機決不光火，其他乘客永遠視問路爲當然之事，毫無怨言。

人們還是樂於步行，愛丁堡人除老人外，走路都很快，昂首挺胸，邁開大步，金髮、褐髮在風中飄揚，煞是好看，美如希臘雕像般的年輕女孩多不勝數，眞是地靈人傑，孕育出這麼多美人呢！當人們走在數百年前祖先修築的石磚路上，穿梭在中古時代的建築物之間，人們怎能不興起懷古之幽情，感念祖先遺留下來的產業，而更熱愛自己的故鄉？因此，蘇格蘭人很以故鄉爲榮，凡因故遠走他鄉的必定思念故鄉不已，許多蘇格蘭民謠流傳於世界，如「離別歌」（電影「魂斷藍橋」主題曲）、「念故鄉」都是我們兒時即會唱的歌曲。廷兒說，他認識的一些愛丁堡大學的外籍畢業生，臨回國前都會說：「我一定會再回來！」結果不出一年半載，他們又紛紛回來舊地重遊了。

沿古堡而下的彎彎的斜坡、古老的青石磚，此路直達蘇格蘭的古皇宮，名叫「皇家哩路」，最是富有古意，每天不斷地有觀光客所乘的雙層透天遊覽車載滿遊客來到我兒住過一年的石樓前，車上導遊介紹著此樓下層的「快樂法官」小酒吧的古老故事，以及窄巷中的「作家博物館」，蘇格蘭三大作家都在此住過，其中一位是寫「金銀島」的史蒂文生。廷兒住的右鄰是一家名叫「格拉斯哥之店」，是一六一八年一個名叫格拉斯哥的商人所開的，如今列爲古蹟商店，裡面的設備完全是當年原貌，門口有兩隻大啤酒桶，一個木盆裡，躺著一頭懶洋洋的肥豬，當然那是隻假豬。

由於是倚山而建的古城，所以建築物的層次感特別有視覺上的震撼力。每條高低層次不同的平行或三角形大道，都由石樓底下小小的縱巷相連，穿越巷裡的石階，或上或下，忽而窄巷，忽而進入人家的中庭小院，十分有趣，廷兒所住的對街就有一條「謎中謎」巷，走在其中眞有幾分詭異的氣氛。寫「化身博士」的作者史蒂文生根據這裡的神祕街巷以及本地的眞人眞事，寫出這本家喩戶曉的名著，皇家哩路上一家名叫「化身博士」的酒吧，即是故事中主人翁的誕生地。另外一位名作家柯南道爾是愛丁堡大學醫學院未畢業的學生，他的舉世名著「福爾摩斯探案」偵探小說也是在古城的詭異氣氛中完成的，在愛丁堡的新城裡，我們終於找到了作者的銅像。

在古城大街上每當走過一小段路，便可見一條小窄巷，其中美景，別有洞天，你或會在小巷深處看到一座紀念塔、一些屋頂、一些攀牆的花木，甚至於看到遠處的碧海與藍天！

（原載青年日報一九九五、十二、十）

愛丁堡的國際藝術節

每年八月初至九月初，國際藝術節都在英國的愛丁堡舉行。愛丁堡是蘇格蘭首府，歷史悠久，古蹟維修之完好至今可用。此城一半爲中古時代的建築，一半爲十八、十九世紀的建築。當地人稱中古時代的部分爲「古城」，稱十八、十九世紀的部分爲「新城」。古城爲文化、政治、教育重心；新城爲現代化商業中心。

古城與新城中間以「太子街公園」區隔。太子街公園原爲深凹下去的廢河道，愛丁堡人化腐朽爲神奇，將它巧妙地修建成一座幽谷似的公園，層層草地、層層玫瑰，有大樹遮蔭，又有露天音樂廣場。從公園望下去，一邊是古城高聳入雲的教堂尖塔、傲立山頭的古堡、連接著一排排巨石打造的中世紀樓房，直達街尾的具有千年歷史的古皇宮，這一段路名叫「皇家哩路」，是古城的精華，觀光客必遊之勝地；另一邊是平均高度爲四、五樓的新城，「太子街」是新城的精華，也是看遊行和購物者的天堂。

今年暑假，爲了探望在愛丁堡留學的廷兒，我與外子赴英一遊，欣逢一年一度的國際藝術節盛況。

街頭賣藝人

從七月中旬起，愛丁堡的街頭賣藝人就一天比一天多了起來。來自世界各國的賣藝人，或單槍匹馬，或結伴而行，連髒兮兮的流浪漢、怪頭的龐克族也聞風而至。變戲法的、玩雜耍的、彈吉他唱情歌的、安安靜靜的街頭畫家等都各佔地盤、各顯才藝，憑路人施捨小錢過日子。

愛丁堡人更是不甘落後，有時一兩人，有時全家參與，組成許多小風笛隊，站在熱鬧的街頭吹奏著動聽的蘇格蘭民謠。加以他們的服裝極有趣：黑長毛高帽、格子呢披肩、格子呢短裙（男女均可穿，不過男人穿起來特別有蘇格蘭的風采）、長毛襪、短靴裡插著一柄短刀、考究的腰包，眞令人再三佇足欣賞。

奇裝異服的人站在街頭散發廣告，原來是替各類新潮劇團宣傳的。熱門的歌劇門票則早已售空。某一天，我們居然在中世紀的聖喬斯教堂邊看見一位坐著演奏豎琴的女郎，褐色的長髮、優雅的美姿，纖纖玉指奏出流水般的琴韻，眞令我迷惘……在她的身旁沒有發現投幣容器，原來她是親自爲自己的音樂會作宣傳的豎琴家。

到了八月藝術節裡，廣場上更熱鬧了，我們親眼目睹一個藝高膽大的人張開雙臂與雙腿，在美術館的羅馬式兩根大石柱間一寸寸地往上爬，當時並沒有任何可攀援之物，可算是眞正的壁虎功吧？另外，印地安人樂隊也大受歡迎。一個「紅人」和一個「綠人」也搶盡了鋒頭。這兩個年輕人一個把自己全身染紅，另一個則染綠，從帽子、衣褲、鞋襪、臉部、手部的皮膚全染了色，兩人又學機器人走路模樣，逗得孩子們哈哈大笑，可憐他倆累得半死，也鮮少有人在「紅人」手中的紅杯，「綠人」手中的綠杯中投錢。

花車大遊行

熱鬧非凡的花車大遊行隆重的揭開了藝術節之幕。愛丁堡人和來自世界各國的觀光客莫不湧向新城的太子街頭，各國的藝術節目都派來了宣傳隊，乘坐花車化裝遊行。花車的行列裡，白雪公主與七矮人出現了，王子與白雪公主不停地接吻；蘇格蘭少女和兒童扮著仙女與天使，不停地唱著好聽的民謠；來自泰國、緬甸的藝人穿著他們的民族服裝舞蹈；好萊塢的演員們也乘花車展示新裝；也有幾個中國人穿古裝招搖過市；更有打扮成吸血鬼奔向觀眾嚇小朋友的。這種隊伍中間當然少不了蘇格蘭的風笛隊嗚哩哇啦地去撐場面。花車大遊行之後的日子，愛丁堡沒有一天不熱鬧非凡、風笛聲隨風飄揚的。

古堡前的軍樂隊表演

門票最貴、場面最壯觀的要算在愛丁堡的象徵——千年古堡的正門前廣場上表演軍樂操練（當地人稱作TAATOO）了。堅固的鋼製三面大看台圍繞著古堡門前，座位約估有六千至八千個，中間預留一塊四方形表演廣場，這些準備工作已在七月中旬佈置妥當。自八月四日至八月二十六日，每天夜晚都表演一或兩場，每逢周六午夜場還施放煙火，華美極了！等待看煙火似乎是人們週末最後一個心願。

節目開始前古堡的巨砲突然點燃，向觀眾鳴砲致敬。也向校閱官致敬，那震天價響的近距離砲聲，眞的教人嚇得魂飛魄散，但又止不住的狂喜大叫。夜空中的古堡上點燃許多火炬，五彩變化的燈光由城下向上投照，彩色的古堡更增添魔幻般的魅力。

古城門忽地一開，一隊騎兵前導，穿著古裝的貴族、貴族夫人也騎著馬莊嚴地走出來，接著來自世界各國的軍樂隊，以不同的軍裝、多變化的隊形，演奏著各種鼓、號、橫笛、豎笛、短笛、風笛等樂器。曲子大多數雄壯有力，但蘇格蘭風笛隊有一支隊伍專門吹奏蘇格蘭民謠，其中有些令人愴然落淚，例如：「念故鄉」、「離別曲」（電影魂斷藍橋主題曲）等都是耳熟能詳的曲子，卻不知源於蘇格蘭。

各節目中印象最深的是地主國蘇格蘭的風笛隊，來自法國軍威壯盛的鼓號隊，來自埃及穿著埃及金字塔時代裝扮的軍樂隊，他們噱頭十足地抬著「法老王」出來，立即贏得全場熱烈掌聲，更妙的是他們吹奏的樂器竟是蘇格蘭風笛，這個點子眞教蘇格蘭人窩心到了極點！

其中穿插了一個柔性節目，那就是蘇格蘭的民族舞蹈。數百人的龐大舞蹈團，服裝鮮艷可愛，男士穿格子短裙，少女反而穿格子長褲，蘇格蘭的格子呢料在顏色和格子大小上的變化有數十種之多，原來一種顏色格式代表著一個著名的家族，「麥當勞」漢堡聞名世界，他的家族也來自蘇格蘭的故鄉呢！再欣賞中年婦女穿著可愛的小背心，迷地的白色蓬裙，舞姿曼妙、活潑輕快，隊形變化萬千，伴奏的仍然是傳統風笛。數百人在古堡前翩翩起舞，美得令人心醉。原來是當地十八世紀留傳下來的舞蹈，爲歡迎他們最敬愛的某一位女王而編創的節目。

人人陶醉於藝術活動

這段期間，我們欣賞過莫札特的歌劇「唐喬凡尼」、美國佛羅里達來的芭蕾舞劇「胡桃鉗」、看了兩場電影，參觀過想要打破世界紀錄的「風笛大遊行」。悠閒的時候可以爬亞瑟山，在山坳的池塘邊餵野鴨與天鵝，到郊外探訪可愛的村鎮。走累了，到處都有可愛的酒吧和露天咖啡座，他們的威士忌和苦艾酒最有名。你可在玫瑰花圃邊休息，在遼闊的青草地上躺臥，愛丁堡的藝術節眞是充滿歡樂、人人陶醉的人間天堂！

（原載青年日報一九九六、一、二一）

〈繁華富麗的伊斯坦堡〉
背後是博斯普魯士海峽

〈土耳其的怪異地形〉
岩洞內曾有人居住

〈梅姬・迪克遜的苦艾酒〉
愛丁堡的「忠狗巴比」銅像

〈梅姬・迪克遜的苦艾酒〉
皇家哩路的中古時代魅力非凡

〈愛丁堡的國際藝術節〉
愛丁堡古堡內部風貌

〈史特林古堡遊記〉
古堡中的玫瑰碩大而艷麗

作者之子張廷登上
下龍灣其中一島

作者與好友們合影於
下龍灣船上

作者之子張廷攝於
神祕的女神像

作者與子張廷攝於柬埔寨的
小吳哥窟全景

栗林公園多奇松

京都的金閣寺

八、越南、柬埔寨篇

越南之旅

時間過得眞快呀！二月上旬本校同仁組成的「越南、柬埔寨之旅」，十二天歡樂的時光，匆匆飛逝，轉眼間已渡過「淡淡的三月天」（歌曲名），又來到了「人間四月天」（林徽音的詩句），若不趕快記述下來，那段奇幻的時光，或許會成爲日後模糊而朦朧的二月天了。

這兩個國家，我壓根兒沒有想要去旅遊的念頭，貧窮、落後、政局不安，治安太差等印象不知何時早已印入腦海，這兩個國家不値得冒大風險去旅遊吧？但主辦人藍秀隆教授向我展示柬埔寨的古蹟——吳哥窟圖片時，我立即被那神祕得有如魔宮幻境、又似童話故事般的古城所吸引，想想廷兒讀中學時曾嚮往這座古城遺址的大發現，也曾爲此買了幾本有關解開世界文明之謎的書籍。「是該親眼目睹這座古蹟謎底的時候了！若不跟團去，我那有勇氣去作熱帶叢林大探險？」因此立刻決定和兒子報名參加。事後證明，我們的決定是對的，這趟旅行竟然是百分之百的成功。

北越河內市附近海濱有一處海灣，海灣遠近凡人視力所及處，可看見上千座島嶼，高高低低，造型互異、具鬼斧神工般魅力的天然島嶼，星羅棋佈般地突出海面，在碧海藍天中，蔚爲奇觀。它像中國大陸的千島湖般的奇異，但千島湖秀逸縹緲，風神秀絕；下龍灣則屬於大海，它所呈現的是古靈精怪，粗獷而奇險。一個是人工湖泊；一個是汪洋大海。一個是仙女尋春；一個是海神出浴。

「下龍灣」有「海上桂林」之稱，大大地吸引了中國大陸的觀光客，我沒去過桂林，無法將之比擬。但不可否認的，當我們乘船在海面上航行四個小時之久，小小的馬達船上有美麗的風帆（深紅色的雙帆最富詩意），站在船艙上欣賞那一座座長相詭異如妖魔的小山頭，想像它們猶如魔王的巨頭浮出水面深呼吸著，而更巨大的身體卻永遠地站立在海底深處，不見天日，不能移動，它們似乎被上帝囚禁在海灣裡，只能探頭呼吸，苦苦等待滄海變桑田的那一日來到。

美麗的風帆帶著我們穿過無數的山頭與海角，飽覽了波平浪靜中上千島嶼的奇幻美景，加上又與同行的好友們談天說地，拍照留影，當時的歡樂氣氛眞讓人想展翅飛翔，希望自己變成一隻自由自在的海鷗呢！

我們在船上吃了一頓美味海鮮午餐。船行海上，有小船一路尾隨兜售魚蝦海鮮，一個海上現賣，一個海上現買，兩船相靠，眼觀海上交易，討價還價，眞是道道地地的「海」上「鮮」事。

越南國土呈狹長形，東岸靠海，如乘火車從北越到南越，行程大約需三十八至四十二小時，可見海岸線之長，當然每餐都有新鮮海味。我原本以爲到落後地方一定會腹瀉，準備了不少的腸胃藥，想不到這一次行程嘗過了各種海產魚蝦貝類，都安然無恙，可見許多事情百聞不如一見。

河內是越南的首都，由於越南戰後排斥華僑，把華僑都趕回中國去，華僑帶走了財富和資金。如今北越自然既貧窮又落後，車行途中，河內縣近郊平原上，男男女女頭戴斗笠，彎著腰在水田裡插秧，辛勤異常，彷彿是四十年前的台灣田園風光。農村破敝，物資貧乏，令人同情之心油然而生。不過，越南農民的吃苦耐勞精神，卻令我們深感慚愧，尤其看他們邦交國有一百多個，河內市區中各國旗海飄飄，外交使館櫛比鱗次，其中以中國大使館最爲氣派，河內的大使館區不禁令人想起台灣的外交成績單來，眞令人懊喪，所謂的先進和落後，富裕與貧窮，實無一定標準；十年河東，十年河西，看越南人的勤奮和吃苦精神，我預料他們有一天會富強起來的。

我們在台灣看過許多有關越戰的電影，南北越交戰，美軍介入越戰，終至失敗，倉皇逃走的鏡頭歷歷在目。如今南北越統一，由於北越戰勝，首都由西貢北遷至河內市；而原來南越的西貢市則改名爲胡志明市。昔年，我在紐約歌戲院看過一齣「西貢小姐」的歌劇，便是那場戰事中的一個悲慘愛情故事，如今想來，「西貢小姐」無疑是越戰中成千上萬個故事中的一部代表作品。

在胡志明市近郊，有個地方名叫古芝。此地人民反抗美軍最爲激烈，留下了「古芝地道」

作為最有力的歷史證據。如今古芝郊區林木青翠，果園處處，絲毫看不出戰爭痕跡，但當地導遊引領我們走過叢林中的蜿蜒曲徑，為我們尋找處於幽林中的古芝地道入口時，我們怎樣也找不到那片落葉堆積層中的密道，最後導遊撥開落葉，只見一個長方形磚塊隱藏於地面，如土地一樣的顏色，若不注意，誰也發現不到。一個越南小伙子身穿迷彩裝，提起了石磚，下面便露出一個深深的洞口，他瘦小結實的身軀很靈活地瞬間鑽入地道，然後雙手舉起石磚只露出一張臉兒來，這樣的表演就是把當時越南人為逃避美軍坦克車和機關槍的射殺，所想出來的逃生方法。入口極小，只適合越南人的瘦小身材，美軍的高頭大馬身材是無法進入的。

古芝地道共分三層，每層深入地下三公尺，第三層深入地下九公尺，而且越往下層地道越窄小，第一層可以彎腰前行；第二層蹲著前行；第三層則非匍匐前行不可。地道內鑽有小通風口，以便呼吸空氣，最大的地方有會議室，以供軍事會議之用。地道的出入口相當多，因此可以出其不意地從地底鑽出來和美軍坦克車搏鬥，轟炸了美軍坦克車之後，再一溜煙地像鑽地鼠般的鑽回地道裡避難。

據說美軍在此處犧牲慘烈，神出鬼沒的越南游擊隊曾令他們頭痛不已，便想出毒計，派軍機來叢林上方噴灑落葉劑，這種藥劑含有劇毒，使整片森林樹木枯死，樹葉落光，使得越南游擊隊頓時失去打叢林戰的優勢，當然越南人死傷慘烈，人數之多，難以估計。如今的林木是越戰後重新栽種的，如今的農村果園也是戰後重建的；守著古芝森林，守著古芝家園，以及為我們領路、服務等的年輕人，幾乎都是古芝大戰後的孤兒們。看看他們短小精幹的身形，想想他們父母被殺的悲慘，我們不禁感慨萬千，是誰挑起戰爭？是誰加入殺戮戰場？是誰變成了英雄？是誰變成了白骨？………

我們爲了親身體驗他們當時的苦況，也鑽進地道去，幽暗深邃的地道裡，第一層必須彎腰前行，由於空氣稀薄，缺氧，我感受到恍若窒息死亡之恐怖，大約前行三十公尺，我們發現前面有出口，微弱的光像救命的天使一般指引我們走出地道，重見天日。有些朋友走得較遠，但三十公尺對我而言，已是忍耐的極限。

（原載國立台北商業技術學院校刊二〇〇一、四、三〇）

柬埔寨之旅

柬埔寨，舊稱高棉，在越南西邊，全國共分二十一省，比台灣大五倍。（越南比台灣大七、八倍）我們在到吳哥窟之前，先參觀了柬埔寨第一大湖——洞里薩湖。此湖長一百五十公里，寬三十五公里，面積廣大如海洋，此湖下游變成細長的洞里薩河，流入越南胡志明市與湄公河交會。

由暹粒機場到洞里薩湖車行數小時，黃埃漫天，路旁的簡陋木造高腳屋，充分顯露赤棉「波布」魔王執政的時代（一九七五～一九七九），三年八個月之內，波布下令屠殺了全國人口之一半——三百多萬人的悲慘歷史。柬埔寨的赤貧與蕭條比起越南來更有勝之了，歷史文明在這裡彷彿倒退了一兩百年。甚至連首都金邊都沒有一輛計程車，更別提公車了。由摩托車拖著的板車，載上十幾人的交通工具，是我們見所未見，聞所未聞的。

起初我不明白旅行社安排我們看這個渾渾濁濁的大湖是何緣故？當我們搭上小船遊湖時，方知這兒有世界上最最原始的水上人家。他們沿著湖濱，用舊木船為基礎搭建簡陋的木屋，變成了水上人家，其簡陋與破敝與荷蘭阿姆斯特丹運河上的美麗船屋眞是有天上、地下之差距。荷蘭的船屋是富人的別墅，而此地的水上木屋簡直是貧民的天堂。

一家人老老少少全部聚集在一間破爛的水上小木屋裡，或坐或臥，或工作或聊天。二月，在台灣是冬天，在柬埔寨卻燠熱得像夏天，孩子們赤條條的在湖邊戲水，連一兩歲的嬰兒也在舀水玩，孩子若淹死了，可能大人也不在乎少一個吧？這兒窮得彷彿令人要瘋狂，這兒也寂寞得除了在家聊天、或湖上捕魚外，似乎完全與外界隔絕，遺世獨立。

據說這些水上人家是越南和柬埔寨無法謀生的一群難民，他們躲到大湖之濱，捕魚爲生。而洞裡薩湖偏偏是個天然大魚池，只要魚網撒下去，沒有一次捕不到豐盛的魚兒的。我們的小船在黃濁的湖中疾駛而過，魚腥味迎風撲鼻。十分不習慣。不久，奇景逐一浮現，船左右的水上木屋，居然看到有水上國稅局、鄉公所、小醫院、小動物園、流動的船上雜貨店，以及八、九歲大的小男孩、小女孩獨自撐船等等不可思議的畫面。唉！眞是苦難的國度啊！這種地方還能抽稅嗎？這樣的生活人們還是得忍受下去嗎？波布的執政期間，我們曾看過讀者文摘上刊載過「血洗高棉」一文，也看過「殺戮戰場」等相關電影，當時即驚駭莫名，想不到居然可見到二十餘年後的今日景象，卻仍然讓我們悲嘆不已！

中國古代稱高棉爲「扶南」，到了「新唐書」「眞臘傳」中記載眞臘又名吉蔑，原爲扶南的屬國，後來眞臘這股新勢力就併吞了扶南，完成統一。此即高棉王朝的前身。西元八〇〇年左右，進入吳哥時代。第三代的印德拉巴爾曼一世統治時，「王即是神」的觀念比諸前王更爲徹底，在寺廟建築、雕刻、藝術方面都表露無遺。他還建立了一套巨大的灌溉系統，使農業更加發展。

印德拉巴爾曼一世的繼承者亞叔巴爾曼（西元八八九年至西元九一〇年在位）將都城遷移到吳哥，此後一直到十五世紀（除了西元九二一年到九四四年期間）吳哥都是高棉的首都。因此這附近留下數百座大小寺廟、祠堂，是珍貴的文化寶藏。但是這座神祕的宗教城市卻被廣大的叢林所淹蓋，消失得無影無蹤，長達五百年之久。

中國元代一位名叫周達觀的商人在吳哥窟曾居住過一段時間，寫下了一本「眞臘風土記」流傳至今，成爲研究吳哥古城的唯一史料。一位法國考古學家安姆歐莫憑著讀此書後的強烈信念，終於在熱帶叢林中尋找到古城遺址，時間已進入十九世紀末葉，經過二十世紀不斷的挖掘與修復，迄今尚未停工。

原來吳哥窟是在十二世紀時耗時三十八年所建造的寺廟建築群，「吳哥」意即王都所在，而「窟」是寺廟之意，所以合起來便是「王都寺廟」。吳哥王朝曾經在洞里薩湖畔繁榮了六百多年，最盛時期曾擁有二十餘萬人口，卻因十五世紀，遭泰族侵略，戰敗後王都漸漸湮沒於密林中數百年。由於中國人的一本風土記錄和法國人的鍥而不捨考古研究精神，終於使古城得以重見天日，成爲世界七大奇景之一，不可不謂文學與歷史的結合，創造出一項奇蹟中的奇蹟。今日柬埔寨的國旗上印著吳哥窟圖形，也是全世界各國中唯一在國旗上印著「建築物」的一面國旗。柬人以其爲無比的光榮，由此可見一斑。

二〇〇一年二月八日黃昏時分，本團抵達「吳哥窟」，先參觀「百因廟」。初見吳哥窟奇特怪異的巨石建築，的確令人震驚：世界上既有簡單線條構築的金字塔，又會有繁複曲折構築的吳哥窟。同爲巨石建築，一簡、一繁之間差別何其大呀？百因廟遺址非常大，廟宇雄壯宏偉，尖塔林立，其中以「四面佛」雕塑最爲突出，在濃密的樹林中，天色昏暗下發散出最具異國情調的神祕影像，若不是人多膽大，我一定驚惶失措，以爲走入惡夢之中呢！

翌日清晨開始健行之旅，因爲在這兒必須徒步走，仔細觀賞所有的寺廟建築。重見「百因廟」是在亮麗的陽光下，原來此廟由五十四座寶塔構成，每座寶塔均雕有四面佛臉，朝東西南北四面，呈現各種神韻，據研究總計二百一十六張臉孔都有伽亞巴魯曼七世的影子，象徵至高無上的君權。

接著參觀鬥象台、寶劍塔、變身塔、皇帝浴池等等建築，都設計精巧、宏偉又壯觀。我們一面參觀精緻的石雕藝術作品，一面流覽整體造型，又要仔細聽導遊講解，又得留心美景，及時拍攝古今交會時的珍貴鏡頭，眞的不容易。走了大半天，終於了解什麼叫「大吳哥窟」？什麼叫「小吳哥窟」了？原來大吳哥窟即古代首都大城，而小吳哥窟相當於北京的天壇，常見的吳哥窟圖片往往是「小吳哥窟」，因爲它的建築保存最完整，無論是護城河、石橋、城門、城牆、水池、長廊、寶塔、佛像、石壁的浮雕圖像、都精彩動人，堪稱中古時代佛教藝術之珍品。其中尤以浮雕的人物、故事、戰爭故事、平民生活都呈現了千年前的歷史畫頁，活潑生動到了扣人心弦的程度。另外，許多女神像袒胸露腹，頭戴尖帽，下著長裙，鞋襪，容貌端莊秀麗，或站立，或舞蹈，都令人流覽再三，觀之不已。

每座廟宇、每道迴廊、每扇窗景、門景都精琢華美，巧奪天工，處處美景，皆可入畫。

我雖信仰基督教，但對於吳哥窟的佛教藝術並不排斥，因爲我是以純藝術的眼光來欣賞它——一座在叢林裡沉睡了五百年的古城，剛剛被人們喚醒哩！

（原載國立台北商業技術學院校刊二〇〇一、五、三〇）

九、日本篇

日本現代風貌

許多人都去過日本，不足爲奇。我自幼就痛恨日本人，因爲八年抗戰他們不知殘殺了多少無辜的中國同胞？毀壞了多少文物古蹟？又擄掠了多少國寶重器？他們留給我們一頁不忍卒讀的悲慘近代史、無數可歌可泣的文學作品，以及長輩們永遠談不完的悲壯話題。印象中日本的武士道精神、藝妓的怪異模樣又形成一種詭祕的文化，予人一種慷慨激昂、冷酷無情的慓烈感覺。

這樣的國家，我從未想到要去遊歷，但是在錯綜的機緣下，畢竟還是去走了一趟。這次旅遊，我發現不能再感情用事，因爲日本的確已具備超級強國的條件，他們的理性與智慧已創造了奇蹟，僅僅四十餘年，便從廢墟瓦礫中站起來，並且躍升爲經濟稱霸的強國。

短短七天，行程安排得極其緊湊。參觀古代的姬路城、大阪城、金閣寺、平安神宮等，以及各大名園，竟彷彿穿過時光隧道，進入古代的日本。其間又隨時返回高速公路，在大阪、神戶、奈良、京都、東京各現代化大都市中瀏覽。因此，舊城與新城、古代與現代，時空不斷交替，像走馬燈般地令人目不暇給。日本人一面追求高科技的現代文明，一面又極力維護傳統文化，遂形成了一個都市中包含古今兩個世界截然不同的奇妙景觀。

古代的日本

姬路城又名白鷺城，是日本三大名城之一，建於十七世紀德川家康時代，此城未經戰火洗禮，完好如初。大阪古城，建於四百年前豐臣秀吉之手，戰後部分毀壞，又經修復如舊日形貌。兩座古城均以巨石圍築城牆，石造屋基，木造樓宇。遠望古城，只見樓台重疊，雕甍翻飛，天地悠悠，古意盎然。姬路城堡堅固異常，彷彿有六道城牆，由外至內，拾級而上，城門愈來愈小，馬廄、深井都在內城。城牆上留有小窗口，想必是攻擊敵人的射擊孔。攀登古堡，除嚴禁煙火外，遊客一律在入口處脫鞋，換上他們準備的皮拖鞋，以免磨損木造樓板。從這些微小處都可看出，日本人是如何細心地維護他們的古蹟。每層樓都展示著歷代堡主的盔甲、兵器、書信、畫像等遺物。最高層尚有神社，以供遊人膜拜。

大阪古城亦陳列著豐臣秀吉的塑像、兵器、戰爭史料等，與姬路城類似。但此城慘遭戰火，因此重新修復的功夫用得很大，若非仔細觀察，不易明辨。城堡內安裝電梯是唯一明證。姬路古城與大阪古城外觀近似，但姬路格外秀麗迷人，我想它的特色可能是迤邐迴環的重重城牆吧？最欣賞那兩重護城河，河水清澈靜美，兩岸種植花木，其中以櫻花與柳樹最爲惹人憐愛。時值溽暑，未能欣賞櫻花怒放之美景，斯爲一大遺憾也！

兩座古城樓台潔淨、碧茵鮮美，佳木蔥蘢，漫步其間，時聞烏鴉悲啼，令人不禁遙想古代日本群雄相爭，長期內戰的場面。悲劇色彩濃厚的日本歷史，彷彿經過自相殘殺、優勝劣敗、物競天擇後剩下的精英，重又演繹出一篇嶄新的現代文明史來。

金閣寺外型典雅精緻，宛立水中央，閣分三層，第二、三層以金箔鑲貼，閣頂站立一隻傲岸不群的金鳳凰，作展翅欲飛狀，眞是金碧輝煌，以之爲背景攝影留念，照片中竟也是金光璀璨，好一番富貴氣象。這是天皇遊憩的地方。另有銀閣寺，由於時間關係未及一遊。

京都的平安神宮內苑，是天皇的御用花園，全部模仿我國唐代建築，唐三彩的鮮麗顏色在這裡找到印證。園中池景極美。有圓石築成的臥龍橋，有曲折的木造長廊（有頂的橋）橫跨池上。坐在木橋兩側的椅子上，可享受池上微風的清涼，飽覽池苑美景。使我不禁懷念去年夏天徜徉在瑞士盧森的教堂橋上，教堂橋爲木造的橋（也是有頂的橋），已有六百年歷史，橫跨魯斯河上，約百餘公尺長，橋側掛滿鮮花，橋下碧波萬頃，成群的天鵝悠悠地漂浮著，教堂橋已與大自然融合爲一。東方造園美景相形之下就顯得太精緻、太人工化了。

高松的栗林公園幽靜雅麗，園中的亭台、池、渠全爲仿中國名園設計。園內多松樹，尤多黑松。黑松較矮，經過刻意綑綁矯形後的黑松，創造出一股幽深神祕的氣氛。園中空氣清新，錦鯉成群，予人難忘的印象。

岡山的後樂園是日本三大名園之一。地勢寬敞，池塘遼闊靜美，草坪青翠如波浪起伏。日本式古典茅屋氣派恢宏而莊嚴，驛站、流店、假山、溪水、樹林、良田都安置得恰到好處，精美無比。最值得注意的有兩景：一爲「流店」，即引曲水流進日式地板屋中，潺湲潔澈的溪水流過屋中央，恰好將室內一分爲二。想必古人分坐兩邊地板上，或對飲嘯歌，其樂無窮；或置足溪中，享受沁涼。此非蘭亭集序中「曲水流觴」故事的翻版嗎？另一景是後樂園中赫然保留了我們周代井田制度中的「井田」——一塊四四方方的水田，分成整齊的九小塊，中間一塊是公田，旁邊八塊是私田。現在水田中分別種植荷花與水稻，清雅脫俗，令人驚羨。我民族文化在這裡找到遺蹤，禮失而求諸野，聖人之言，再度獲得證明。

現代的日本

旅途中南北奔馳，大部分時間都在高速公路上。日本的高速公路隔音牆既多且長，有些地段隔音牆兩邊高聳向公路內彎，在噪音的消除上，效果極好。都市中車輛鮮聞喇叭聲。加以車輛淘汰率高，沿街所見都是新車（白色車佔九成，因爲日本人尚白色），機車更似絕跡，電車和地鐵又疏散了地面交通；因此住在日本鬧區數夜，居然不覺有噪音干擾。

都市的現代建築新舊相間，整潔美觀，即使狹窄的巷弄，也清潔光鮮，彷彿隨時有人打掃。建築物下無騎樓、無攤販。大阪、東京的地下街我們都逛過，那地下商店的裝潢、整潔幾乎與地上的商店街毫無二致。地鐵車站與地下街縱橫交會，許多超級市場便在車站旁，百貨公司也集中在這裡。東京地下街規模之大，令我們驚嘆不已，整個東京，彷彿被日本人挖空了。

鄉村的山川景物與台灣神似，唯一不同的是農村房屋。他們是純日式的兩層樓，上層小下層大，好像重疊的中國古代瓦屋，灰暗的瓦頂，白色的牆壁。他們不設圍牆，無需防盜窗。

屋外小小空地種植花木，其中以紫藍的繡球花居多。郊野裡，沒有破爛農舍或豬圈，或廢物垃圾之類。放眼望去一片青山綠水，以及青蔥的稻田。日本的鄉野能維護得那麼潔淨，台灣爲何不能？

一般小鎮公路邊有不少商店建築式樣美觀可愛，極具吸引力。有瑞士鄉村小屋，有德國式小木屋，也有歐式日式混合的新型商店，甚至我還看見一棟顛倒設計的西式樓房，紅屋頂朝下插入地中，地基卻朝著藍天，眞是幽默逗趣！日本人能保存固有文化，又能吸收外來文化，在建築上也大顯身手呢！

我們曾穿越京都的大街小巷，發現日本人住宅嬌小玲瓏，但卻家家佈置得高雅宜人，有些極富藝術氣氛。縱使只有兩三坪大的室外空間，他們也刻意栽種青松、文竹或蒔花。巷內清潔如洗刷過，小巷風光即具觀光價值。那夜，我們一團三十一人抵達「琴平駅」（駅即驛，又是我國唐朝的影響），當時天色已暗，兼又下雨，大家仍要完成心願，攀登「金刀羅比宮」，聽說共有八九〇個石階，我便敬畏有加，不敢嘗試。幾分鐘後大家都爬山去了，留下我在雨中徘徊。這時，我孤零零地迷失在陌生的琴平駅，心中有些恐慌，開始懊悔沒跟外子去數石階。正在此時，遇到團中的一對陳姓姊妹也在逛街，於是加入她們的陣營，三個人一同逛。

雨中的琴平眞迷人！狹窄的街道，新穎的商店，市區裡有小河、小橋，橋頭有日式街燈，街上寂靜的如深夜（其實約莫晚餐時間）。偶爾一輛汽車駛過，或兩個穿著和服的日本男人走過，異國情調十足，優雅的琴平給我留下最深刻美好的回憶。那天黃昏，幸虧我沒摸黑爬山。

橫跨本州四國的瀨戶大橋，建築在瀨戶內海上，它連接著兩洲間九座島嶼，經過九年半的艱巨工程，於去年十月通車，這是當今世界第一大橋。我們曾在橋下的「與島」休憩、賞花，遠眺全橋的英姿：橋上是高速公路，下層行駛火車，橋身如長虹般的橫跨海上，宏偉壯麗，眞是鬼斧神工，不敢相信那是出自人類之手筆。日本人宣稱此橋可使用一百年，一百年後拆掉重建。一輛遊覽車通過的過橋費相當於台幣三千餘元，這是我們猜不到的數字吧？

遊東京迪斯奈樂園時，適逢星期假日，遊人如織，每個遊樂項目都大排螺旋狀長龍，往往排上半小時的隊，才能玩一個項目。那天雨下得相當大，人人撐著傘耐心地等候。我則利用這個機會仔細地觀察日本人。大致五、六十歲以上的日本人身材較矮，而中年的、青年的日本人較高。青少年平均比我們的要高些，矮個子的較少。他們皮膚白皙，男孩英俊，女孩秀麗，風度氣質都相當好。在公共場所，他們謹守秩序，輕言細語，不高聲喧嘩，一種整體的和諧之美已流露出來，日本人可謂已具備大國民風度了。

日本政府刻意改善國民體質，當一個婦女懷孕後，政府便免費供應牛奶一年，讓胎兒發育健康。嬰兒誕生後，政府又免費供應嬰兒喝牛奶一年，這樣的嬰兒體格怎麼不強壯呢？婦女生下孩子後，如果經濟負擔重，必須外出工作，政府的保育院可免費爲她照顧幼兒，直到五歲爲止，每天八小時，讓婦女可以無後顧之憂地去工作。反觀我們的婦女，爲了不放棄工作，有些人將幼兒送回父母家，致使年邁體衰的父母，帶大了第一代，又得帶第二代，這是多麼不公平的事？個中辛苦，不必贅言。有些則是請鄰居帶，寧可將薪水轉手奉人，自己卻白白工作，只爲了保留那個職位。我國的社會福利進展，是否太慢了些？

綜觀日本，因其勤儉、團結、勇敢、好勝心強，終於開創奇蹟，出人頭地，洗雪了戰敗國的奇恥大辱。今日日本的富強，竟使歐美各國對這個沒有軍備的國家刮目相看，敬畏有加。同樣屬於東方民族的我們，怎能不擦亮巨龍的眼睛，多看看他們，多學習他們的長處——自尊、自愛、自立、自強呢？

（原載中華日報一九八九、八、二三）